いちばんわかりやすい
紙バンドで作る
かご編みの教科書

古木明美
Furuki Akemi

河出書房新社

Contents

Lesson 1 基本の編み方で作る

01 ミニかご p.6 / p.13

02 ハートの小物入れ p.6 / p.16

03 ワンハンドルのバスケット p.7 / p.18

04 収納BOX p.7 / p.20

05 引き返し編みの山なりバッグ p.8 / p.22

06 引き返し編みのバスケット p.9 / p.27

07 マルシェバッグ p.10 / p.28

08 サークルバッグ p.11 / p.32

Lesson 2 いろいろな編み方で作る

09 ゴッドアイのミニかご p.36 / p.46

10 ゴッドアイのバスケット p.36 / p.48

11 タイル編みのかご p.37 / p.56

12 縁かがりのバッグ p.38 / p.51

13 クロス模様のバッグ p.39 / p.55

14 とばし編みのバッグ p.40 / p.59

15 とばし編みの広口バスケット p.41 / p.62

16 菱出しバッグ p.42 / p.64

| 本書の使い方　p.4　| 材料と用具　p.12

17

ウッドハンドルの
菱出しバッグ
p.43 / p.67

18

よろい編みのバッグ
p.44 / p.68

19

交差編みのバッグ
p.45 / p.70

Lesson 3　組んで作る

20

北欧風のふた付きバスケット
p.74 / p.86

21

北欧風文箱
p.75 / p.88

22

北欧風のかご＆トレイ
p.76 / p.90

23

ワイドバスケット
p.77 / p.93

24

千鳥格子のバッグ
p.78 / p.95

25
3色千鳥のバッグ
p.79 / p.98

26

あじろのバスケット
p.80 / p.99

27

あじろのティッシュBOX
p.81 / p.101

28

六つ目のバッグ
p.82 / p.102

29

六つ目華編みのバッグ
p.83 / p.104

30

鉄線組みのかご
p.84 / p.108

31

ワンハンドルの鉄線かご
p.85 / p.111

本書の使い方

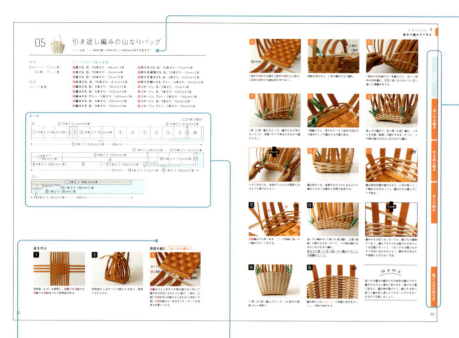

■ **できあがりサイズ**
掲載のサイズは目安です。編む手加減や使用するテープの色によってサイズが変わることがあります。

■ **技法別のインデックス**
作品に使われている主な技法です。「底」「編み方／組み方」「縁始末」「持ち手」の4つのカテゴリーの技法を載せています。インデックスの色が濃くなっている技法は、その作品で詳しい解説をしていることを示しています。

■ **解説写真**
解説写真はわかりやすいように、実際の作品の色とは違う色のテープを使用していることがあります。実際に使う色は「テープのカット幅と本数」で確認してください。

■ **技法の解説**
底の作り方や編み方などの技法を主に解説しています。Lesson 1とLesson 2の作品には共通の編み方が多いので、初出のページでテクニックを詳しく紹介しています。解説写真は工程番号がオレンジまたは青になっています。
※Lesson 3は各作品ごとに技法を解説しています。

■ **裁ち図**
あみんぐテープの裁ち方の例です。効率のよい裁ち方を確認してからテープをカットするようにしましょう。なお、わかりやすく図案化しているため幅と長さの比率は実際のテープとは異なります。
※12本どり、24本どりなど、割かずに使用するひもが多い作品の裁ち図は掲載していません。

本書で使用している「あみんぐテープ」

本書の作品はすべて藤久株式会社の「あみんぐテープ」を使用しています。

あみんぐテープ10m巻は25色、30m巻は10色（★印）があります。ワイドは10m巻で、クラフト、チョコ、黒茶、漆黒の4色があります。

【通販サイト】　クラフトハートトーカイドットコム　https://ec.crafttown.jp
【実店舗】　全国のクラフトハートトーカイ、クラフトワールド、クラフトパーク、クラフトループ各店舗まで

＊あみんぐテープの色や商品を変えて制作する場合は、テープの幅が異なることがあるので、ご注意ください。

Lesson 1
基本の編み方で作る

紙バンドでかごやバッグを作るときは、
底を作ってから側面を編むのが基本。
よく使われる基本の技法をまとめました。
初心者の方はLesson 1の作品から作るようにしましょう。

紹介するテクニック

【底】
四角底　　p.14
だ円底　　p.28
丸底　　p.32

【編み方】
輪編み　　p.14
追いかけ編み　　p.22
引き返し編み　　p.24
ねじり編み　　p.24

【縁かがり】
ブランケットステッチ　　p.31

【持ち手】
縦ひも芯の持ち手　　p.25
四重持ち手　　p.30

01

ミニかご

短時間で完成し、紙バンド手芸の基本がわかる、
初心者さんにおすすめの作品。
はじめての人はまずはこれから。

How to make ・ p.13

a　　　　　　　　b

02

ハートの小物入れ

ミニかごで学ぶ四角底の応用でハート形にするのがポイント。
好きな色で作ってみてください。

How to make ・ p.16

Lesson 1
基本の編み方で作る

03
ワンハンドルのバスケット

ミニかごと同様に四角底に輪編みで側面を作るシンプルなバスケット。
持ち運びに便利なハンドルをつけました。
正面にあしらったステッチがポイントです。

How to make • p.18

04
収納BOX

ストッカーや収納に役立つスクエアのBOX。
奥行きが26cmなので、カラーボックスにもぴったり収まります。

How to make • p.20

05
引き返し編みの山なりバッグ

山なりのデザインを引き返し編みで作ります。
かご部分は追いかけ編みの技法を使っていますが、
幅違いのテープで「畝編み」の編み地を取り入れて
エレガントな雰囲気に。

How to make ・ p.22

Lesson 1
基本の編み方で作る

06

引き返し編みのバスケット

山なりバッグと作り方はまったく同じ。
高さを変えて、ワンハンドルにするだけで
使いみちがガラリと変わります。

How to make・**p.27**

07

マルシェバッグ

バッグ作りによく使うだ円底と四重持ち手の技法を
長く愛されている人気のデザインで紹介します。
かごの側面は、05と同じように畝編みと追いかけ編みをメインに使って作ります。
縁飾りのブランケットステッチが印象的なマチたっぷりのバッグです。

How to make • p.28

Lesson 1
基本の編み方で作る

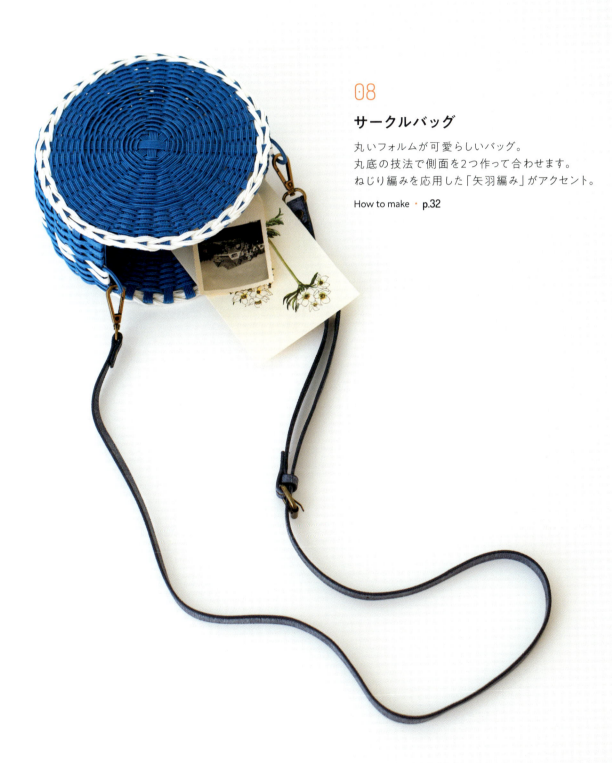

08

サークルバッグ

丸いフォルムが可愛らしいバッグ。
丸底の技法で側面を2つ作って合わせます。
ねじり編みを応用した「矢羽編み」がアクセント。

How to make ・ p.32

材料と用具

紙バンド

かごやバッグを作るときのメインの材料です。本書ではすべてあみんぐテープを使用しています。

10m巻
12本のこよりひもを貼り合わせてあり、好きな幅に割いて使用。小さな作品用に。全25色。

30m巻
大きな作品や基調色に使うときに経済的。シックな色合いを中心に全10色。

ワイド10m巻
24本のこよりひもを貼り合わせた幅広のテープ。茶系を中心に全4色。

【ひもの準備】

割く

12本幅より細い幅で使う場合、PPバンドで割く。こよりひもの間にハサミで切り込みを入れ、切り込みにPPバンドを入れ、こよりひもを手前に引くようにする。

まとめる

必要な長さと幅にカットしたひもは番号順に束ねておく。

Point!
裁ち方図のない作品は、ひもの番号順ではなく、幅が太く長いものから順にカットするとよい。サイズを間違えてカットしてしまってもリカバリーもしやすい。

※本書では一部の作品に裁ち方図を載せていますので参考にしてください。

用具

主な用具を紹介します。

ハサミ
紙バンドのカットに使う。文具用のハサミでは切りづらいのでクラフト用がおすすめ。

ボンド
紙バンドの貼り合わせに使う。木工用の「速乾タイプ」がおすすめ。

PPバンド
紙バンドを割くときに使う。消耗するので数枚用意を。ワイヤーなどでも代用可能。

洗濯バサミ
ひもの浮き押さえや接着の際の仮どめとして使う。10~20個ほど用意すると便利。

ものさし、メジャー
紙バンドのサイズを測るときに使う。長いサイズにはメジャーが便利。定規は縦ひもを立ち上げる際にも利用する。

◎あると便利な用具

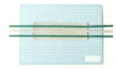
方眼のカットボード
底を作る際にあると便利。カットボードに両面テープを貼り、その上に紙バンドを並べるとゆがまず、作業もしやすい。

ドライバー
紙バンドを編み目に差し込むとき、編み目を広げるのに使う。

手芸用仮どめクリップ
くわえ部分が細いクリップ。細かな作業をする際にあると便利。

Lesson 1
基本の編み方で作る

01  ミニかご

Photo p.6　Size　a　W7×H7.2×D7cm、b　W7×H13×D7cm

材料

a
あみんぐテープ[10m巻]
　…グレー3m、白木1m

b
あみんぐテープ[10m巻]
　…うぐいす5m、白木1m

用具
12ページ参照

テープのカット幅と本数

a
① 縦ひも　グレー／12本どり…21cm×3本
② 底ひも　グレー／12本どり…7cm×2本
③ 縦ひも　グレー／12本どり…21cm×3本
④ 始末ひも　グレー／12本どり…7cm×2本
⑤ 編みひも　グレー／6本どり…30cm×8本
⑥ 縁外ひも　白木／12本どり…32cm×1本
⑦ 縁始末ひも　白木／2本どり…30cm×1本
⑧ 縁内ひも　白木／12本どり…30cm×1本
⑨ 持ち手ひも　グレー／12本どり…5cm×1本
⑩ 持ち手飾り　白木／10本どり…1cm×1本

b
① 縦ひも　うぐいす／12本どり…33cm×3本
② 底ひも　うぐいす／12本どり…7cm×2本
③ 縦ひも　うぐいす／12本どり…33cm×3本
④ 始末ひも　うぐいす／12本どり…7cm×2本
⑤ 編みひも　うぐいす／6本どり…30cm×16本
⑥ 縁外ひも　白木／12本どり…32cm×1本
⑦ 縁始末ひも　白木／2本どり…30cm×1本
⑧ 縁内ひも　白木／12本どり…30cm×1本
⑨ 持ち手ひも　うぐいす／12本どり…5cm×1本
⑩ 持ち手飾り　白木／10本どり…1cm×1本

共通（タグ）
⑪ タグ　白木／12本どり…3.5cm×1本
⑫ タグ　白木／7本どり…3.5cm×1本
⑬ タグ　白木／2本どり…3.5cm×1本
⑭ タグ　白木／2本どり…2cm×2本
⑮ タグ　白木／4本どり…3.5cm×2本
⑯ タグ　白木／3本どり…0.5cm×4本
⑰ タグ　白木／5本どり…1cm×2本
⑱ ドット　グレーまたはうぐいす／3本どり…0.3cm×2本

裁ち図

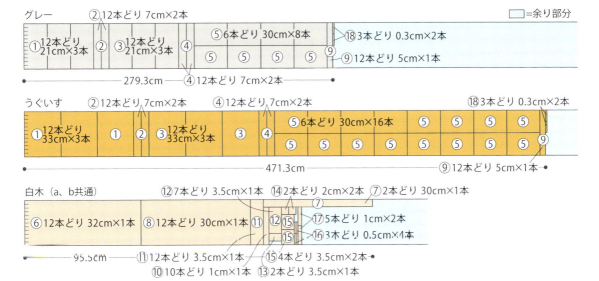

memo

カラーバリエーション

底面は同じで高さ違いのミニかご。好きな色で作ってみましょう。左はグレー×白木をオレンジ×白で、右はうぐいす×白木をイエロー×白で作り、タグはコーヒーと柿渋を使用しています。

底を作る 四角底

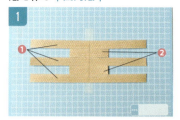

1 ❶縦ひもと❷底ひもの中心に印をつけ、中心を揃えて交互に横に並べる。方眼のカットボードに両面テープを貼ってひもを固定する。

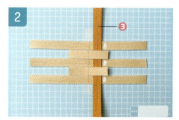

2 ❸縦ひもの中心に印をつける。❸1本を写真のように（❶の上、❷の下）差し入れ、❶の3カ所にボンドをつける。

3 ❸縦ひもの中心を合わせてボンドをつけた位置に重ね、貼る。

4 ❷底ひもの端を浮かせ、❸にボンドをつけて貼る。

5 ❸縦ひも1本を[2]〜[4]と同様に貼る。❷底ひもの両端に貼ったら、❶❸縦ひもがゆがんでいないか確認し、ボンドを乾かす。ボンドが乾いたらカットボードから外してOK。

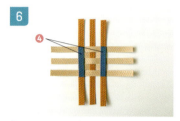

6 ❹始末ひも2本を❸縦ひもの上に貼る。残りの❸を[5]の編み目と交互になるように入れる。四角底ができたところ。

縦ひもが5本以上の場合

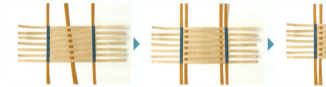

縦ひもを2本重ね、重ねたまま交互に入れる。

2本を左右に分ける。

同様に2本ずつ入れて左右に分けていく。

最後の1本は中央に差し入れる。

側面を編む 輪編み

8 ❺編みひも1本を中央の縦ひもの裏に洗濯バサミでとめ、素編みで1段編む。ひも端を重ねてボンドで貼り、重なり（のり代）を測る。
★縦ひも1本ごとに編み目が交互に出るように編むことを「素編み」という。

9 残りの❺編みひも7本を同じのり代寸法で輪にする。
★輪編みは各段の本体周り寸法を揃えられるので、ゆがみなく本体を仕上げられる。

7 四角底の4辺すべての縦ひもを折り、直角に立ち上げる。

10 輪にした❺編みひもを1本ずつかぶせ入れる。1段めと編み目が交互になるようにし、角はつけない。のり代位置は1段めと縦ひも1本ずらす。

11 前段と編み目が交互に出るように計8段（bは計16段）編む。

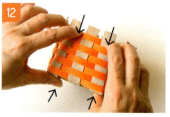

12 編み目を整える。底側から縦ひもを指で押し上げながら、編みひもを上から押すようにして詰める。

縁を始末し、持ち手を作る

縦ひもにボンドをつけ、最終段の編みひもを固定する。

縦ひもを1cm残して（最終段の編みひもから1cm上の位置）カットする。

縦ひもにボンドをつけ、❻縁外ひもを最終段の編みひもに沿って1周貼る。

ひも端は重ねて貼る。

❼縁始末ひもを❻の内側上端に1周貼る。❻の端と突き合わせになるように貼り始める。

❼の貼り終わりは、貼り始めと突き合わせになるように余分をカットする。

❽縁内ひもを内側に1周貼る。❻❼の端と突き合わせになるように貼り始め、ひも端は重ねて貼る。

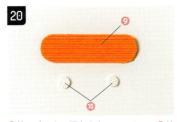
❾持ち手ひもの両角を丸くカットし、❿持ち手飾りを直径5mmの円にカットする。

円にカットした❿持ち手飾りを❾持ち手ひもの両端に貼り、❾を二つ折りにし、縁ひもを挟んで貼る。

タグを作る

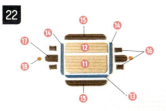
⓫〜⓱タグと⓲ドットを用意し、写真のように角を丸くカットする。

⓫⓬を貼り合わせて1枚のシートにし、その上に⓭1本⓮2本を写真の位置に貼る。

⓭の上に⓯1本を貼る。⓰⓱⓰を1本ずつ貼り合わせ、乾いたら⓮の上に貼る。

残りの⓯1本の両端にボンドをつけ、⓮に貼る。⓲ドットを⓱に貼ってタグの完成。

タグをかごの前面に貼る。できあがり。

02  ハートの小物入れ

Photo p.6　Size W7×H4×D7cm

材料
あみんぐテープ[10m巻]
　…ワイン3m、白木66cm

用具
12ページ参照

テープのカット幅と本数
❶ 縦ひも　5本どり…16cm×3本
❷ 縦ひも　5本どり…13cm×2本
❸ 底ひも　9本どり…7cm×2本
❹ 底ひも　9本どり…3.7cm×2本
❺ 縦ひも　5本どり…16cm×3本
❻ 縦ひも　5本どり…13cm×2本
❼ 差しひも　5本どり…5cm×2本
❽ 始末ひも　5本どり…4cm×4本
❾ 始末ひも　5本どり…7cm×2本
❿ 編みひも　4本どり…31cm×6本
⓫ 縁ひも　白木／10本どり…33cm×2本
⓬ 縁始末ひも　白木／2本どり…33cm×1本
※指定以外はすべてワイン

裁ち図

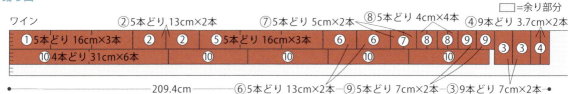

底を作る

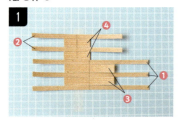

1 ❶❷縦ひも❸❹底ひもの中心に印をつけ、❶❸と❷❹の中心をそれぞれ揃えて写真のように横に並べる。

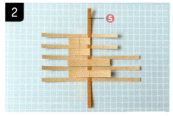

2 ❺❻縦ひもの中心に印をつけ、❺1本を写真のように（❶❷の上、❸❹の下）差し入れ、中央を合わせてボンドで貼る。

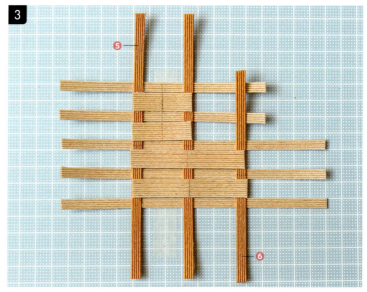

3 ❺❻縦ひも各1本を❸❹底ひもの両端に差し入れ、中央を合わせてボンドで貼る。

Lesson 1
基本の編み方で作る

❺❻縦ひも各1本をそれぞれ［3］の縦ひもの編み目と交互になるように差し入れる。

底面の四辺で交差しているひも同士を貼って固定する。

❼差しひも2本を片端を0.5cmのところで折り、0.5cm分にボンドをつけ、写真の位置（ハート中央）に貼る。

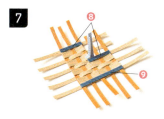

❽始末ひも2本と**❾**始末ひも1本を写真の位置に貼る。

❽始末ひも2本と**❾**始末ひも1本を写真の位置に貼る。ハートの中央にくるひも端は斜めにカットして重ねる。四角底（変形）ができたところ。

始末ひもで囲んだ底のすべての縦ひもを折り、直角に立ち上げる。

側面を編む

❿編みひも1本を縦ひもの裏に洗濯バサミでとめ、素編みで1段編み、ひも端を重ねてボンドで貼る。

残りの**❿**編みひも5本を同じのり代寸法で輪にし、前段と編み目が交互に出るように計6段編む。ハートのくぼみや先端にあたる部分は編みひもを折り、角をつける。

縁を始末する

編みひもを詰めて編み目を整えたら、縦ひもにボンドをつけ、最終段の編みひもを固定する。縦ひもを0.7cm残してカットする。

Point!
ハートの丸み部分は縦ひもが斜めに曲がりやすいので、まっすぐ均等になるよう調整する。

⓫縁ひも1本を最終段の編みひもに沿って1周貼る。**⓫**の端を2cm折り、折り山をハートの先端に当てて貼り始める。

1周貼ったら、貼り終わりがハートの先端の角にくるよう余分をカットする。

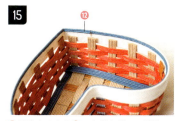

⓬縁始末ひもを**⓫**の内側上端に1周貼る。**⓫**の端と突き合わせに貼り始め、貼り終わりは重ねず突き合わせになるように余分をカットする。

残りの**⓫**縁ひもを内側に1周貼る。ひも端は1cm重ねて貼る。余分はカットする。

ハートの中央のくぼみをつまんで形を整える。できあがり。

03 ワンハンドルのバスケット

Photo p.7　Size W26×H14.5×D19cm(持ち手含まず)

材料
あみングテープ[10m巻]
…白木2巻、柿渋1巻

用具
12ページ参照

テープのカット幅と本数
❶ 縦ひも　白木／12本どり…57cm×7本
❷ 底ひも　白木／12本どり…26cm×6本
❸ 縦ひも　白木／12本どり…50cm×8本
❹ 始末ひも　白木／12本どり…19cm×2本
❺ 縦ひも　白木／12本どり…110cm×1本
❻ 編みひも　白木／6本どり…92cm×18本
❼ 縁外ひも　柿渋／12本どり…93cm×1本
❽ 縁始末ひも　柿渋／2本どり…93cm×1本
❾ 縁内ひも　柿渋／12本どり…91cm×1本
❿ 持ち手補強ひも　柿渋／12本どり…32cm×1本
⓫ ステッチひも　柿渋／2本どり…20cm×2本

裁ち図

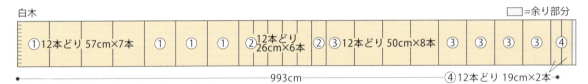

底を作る

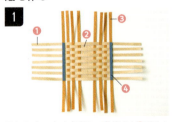

1　四角底（p.14）を参照し、❶縦ひも❷底ひも❸縦ひも❹始末ひもで四角底を作る。

2　❺縦ひもを❸縦ひもの真ん中に入れる。

3　四角底の4辺すべての縦ひもを折り、直角に立ち上げる。

側面を編む

4　❻編みひも1本を縦ひも（底面短辺側）の裏に洗濯バサミでとめ、素編みをする。

5　角をつけながら1周し、ひも端を重ねてボンドで貼る。重なり（のり代）を測る。

6　残りの❻編みひもを同じのり代寸法で輪にする。

Lesson 1
基本の編み方で作る

7

輪にした❻編みひもを1本ずつかぶせ入れる。

8

編み目が前段と交互に出るように縦ひもを引き出す。のり代のつなぎ目は1段めと縦ひも1本ずらす。

9

2段めが編めたところ。

10

残りの❻編みひもを[8]と同様に16段編む。最終段（18段め）を編んだら、角をしっかりつけて編み目を整える。

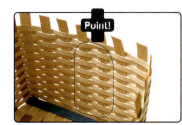

のり代のつなぎ目は前段と縦ひも1本ずらす。

縁を始末する

11

縦ひもにボンドをつけて最終段の編みひもを固定する。中央の❺縦ひも以外は1cm残してカットする。

12

❼縁外ひもを最終段の編みひもに沿って1周貼る。短辺の中央から貼り始め、貼り終わりのひも端は重ねる。

13

❽縁始末ひものひも端を❺縦ひもに突き合わせて❼縁外ひもの内側上端に半周貼る。貼り終わりは逆の❺に突き合わせてカットする。残りの❽を同様に残り半周貼る。

14

❾縁内ひもを内側に1周貼る。貼り終わりのひも端は重ねる。

持ち手を作る

15

❺縦ひもを重ねて貼り合わせ、持ち手にする。外側にくるひも端は縁ひもの上端に突き合わせ、内側にくるひもは縁と突き合わせになるように余分をカットする。

16

❿持ち手補強ひもを持ち手の表に貼る。縁ひもと突き合わせになるように余分をカットする。

ステッチをする

17

⓫ステッチひも1本の端を1.5cm折り目をつけて写真の1に差し込む。数字の順番にひもを通す。

18

内側で余分をカットし、ひも端を縦ひもの裏に貼る。

19

⓫ステッチひも1本を同様に写真の1に差し込み、数字の順番にひもを通す。3から4に渡すとき、[17]のひもの下を通す。

20

[18]と同様にひもを始末する。できあがり。

04 収納BOX

Photo p.7　Size W19×H14.5×D26cm

材料
あみんぐテープ[10m巻]
…チョコ3巻

用具
12ページ参照

テープのカット幅と本数
① 縦ひも　12本どり…57cm×7本
② 底ひも　12本どり…26cm×6本
③ 縦ひも　12本どり…50cm×9本
④ 始末ひも　12本どり…19cm×2本
⑤ 編みひも　6本どり…92cm×18本
⑥ 縁外ひも　12本どり…93cm×1本
⑦ 縁始末ひも　2本どり…93cm×1本
⑧ 持ち手補強ひも　10本どり…10cm×2本
⑨ 開口部補強ひも(縦)　12本どり…4cm×4本
⑩ 開口部補強ひも(横)　12本どり…13cm×2本
⑪ 縁内ひも　12本どり…91cm×1本
⑫ 持ち手巻きひも　2本どり…180cm×2本

裁ち図

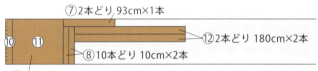

底を作る

1

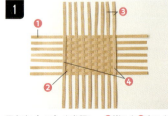

四角底(p.14)を参照し、①縦ひも②底ひも③縦ひも④始末ひもで四角底を作る。

2

四角底の4辺すべての縦ひもを折り、直角に立ち上げる。

側面を編む

3

ワンハンドルのバスケット(p.18)[4]～[10]を参照し、⑤編みひもで側面を18段編む。

手穴を作る

編み目を整え、短辺の中央の縦ひも3本(写真A)以外の縦ひもにボンドをつけて最終段の編みひもを固定する。

縦ひもAを2段分、編み目から抜く。

縦ひもAを上から3段めの編みひもを包む方向に折り、編み目に通す。

写真の印の位置で編みひもをカットする。

カットしたところ。

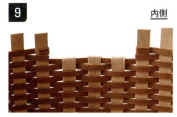

編みひもを縦ひもの裏に貼る。

もう一方の短辺も [5]～[9] と同様に手穴部分を作る。縦ひもは1cm残してカットする。

❻縁外ひもを最終段の編みひもに沿って1周貼る。短辺の中央あたりから貼り始め、ひも端は突き合わせになるようにカットする。

❼縁始末ひもを❻の突き合わせ箇所と反対側から貼り始め、ひも端は突き合わせになるようにカットする。

❽持ち手補強ひも1本を突き合わせになるようにカットし、❻に重ねて❼の下に貼る。

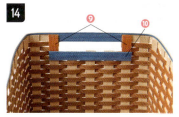

❾開口部補強ひも(縦)2本と❿開口部補強ひも(横)1本を貼る。反対側も同様に❽～❿を貼る。

⓫縁内ひもも1周貼る。❻の突き合わせ箇所と反対側の短辺の中央あたりから貼り始め、ひも端は突き合わせになるようにカットする。

⓬持ち手巻きひも1本を軽く二つ折りにし、⓬の中心を手穴の中心に当て洗濯バサミでとめる。

⓬の半分で❻❼❽⓫の手穴部分を隙間なく巻く。巻き終わりは先端が斜めになるように余分をカットし、ボンドをつけて巻きの中に差し込む。残りの半分も同様に巻く。反対側の手穴も⓬1本で同様に巻く。

05 引き返し編みの山なりバッグ

Photo **p.8**　Size **W16(底)×H19(中心)×D8.5cm(持ち手含まず)**

材料
あみんぐテープ[10m巻]
…白2巻、グレー1巻

用具
12ページ参照

テープのカット幅と本数

- ① 縦ひも　白／10本どり…68cm×3本
- ② 底ひも　白／10本どり…16cm×4本
- ③ 縦ひも　白／10本どり…70cm×9本
- ④ 始末ひも　白／10本どり…8.5cm×2本
- ⑤ 編みひも　白／4本どり…180cm×2本
- ⑥ 編みひも　白／4本どり…550cm×2本
- ⑦ 編みひも　グレー／2本どり…580cm×2本
- ⑧ 編みひも　白／4本どり…200cm×2本
- ⑨ 編みひも　白／2本どり…250cm×2本
- ⑩ 持ち手ひも　白／10本どり…71cm×4本
- ⑪ 持ち手補強ひも　白／10本どり…12cm×2本
- ⑫ 持ち手巻きひも　白／2本どり…420cm×2本
- ⑬ 持ち手飾りひも　グレー／4本どり…34cm×2本
- ⑭ コサージュ　白／3本どり…11cm×1本
- ⑮ コサージュ　白／1本どり…100cm×2本
- ⑯ コサージュ　グレー／1本どり…100cm×1本
- ⑰ コサージュ　白／1本どり…50cm×2本
- ⑱ コサージュ　グレー／1本どり…50cm×1本

裁ち図

□=余り部分

白
- ① 10本どり 68cm×3本
- ② 10本どり 16cm×4本
- ③ 10本どり 70cm×9本
- ④ 10本どり 8.5cm×2本
- ⑫ 2本どり 420cm×2本　986cm
- ⑤ 4本どり 180cm×2本
- ⑥ 4本どり 550cm×2本
- ⑧ 4本どり 200cm×2本
- ⑨ 2本どり 250cm×2本
- ⑩ 10本どり 71cm×4本
- ⑪ 10本どり 12cm×2本
- ⑭ 3本どり 11cm×1本
- ⑮ 1本どり 100cm×2本
- ⑰ 1本どり 50cm×2本
- 967cm

グレー
- ⑦ 2本どり 580cm×2本
- ⑯ 1本どり 100cm×1本
- ⑱ 1本どり 50cm×1本
- ⑬ 4本どり 34cm×2本　580cm

底を作る

1 四角底（p.14）を参照し、①縦ひも ②底ひも ③縦ひも ④始末ひもで四角底を作る。

2 四角底の4辺すべての縦ひもを折り、直角に立ち上げる。

側面を編む　追いかけ編み

3 ⑤編みひも2本をマチ側の縦ひもに対して編み目が交互になるように通す。1段め（上側）の⑤を中心の縦ひもに合わせ、2段め（下側）の⑤を縦ひも1本分ずらす。ボンドを写真の位置につける。

Lesson 1
基本の編み方で作る

1段めの⑤のひも端を2段めの⑤の上に貼る。2段めの⑤のひも端は浮かせておく。

側面を見ながら、2本の編みひもで編む。

1段めの⑤を縦ひも1本編んだら、次に2段めの⑤を編む。交互に追いかけるように互い違いに素編みをする。

1周（2段）編んだところ。編みひもが浮かないように、洗濯バサミで角をとめながら編むとよい。

1周編んだら、浮かせていた2段めの⑤のひも端をボンドで編みひもの裏に貼る。

追いかけ編みで、計3周（6段）編む。このとき正面（後面）の縦ひもをまっすぐに、マチ側の縦ひもは少し広げながら編む。

マチに手を入れ、本体のフォルムが扇形になるように曲げるとよい。

編み終わりは、段差がなだらかになるように編みひもを2本重ねて内側で始末する。

編み始め位置の縦ひもから、2本分長くとって編みひもをカットし、編みひもの裏にボンドで貼る。

⑥⑦編みひも各1本を、[3]と同様に追いかけ編みのセットをする。

追いかけ編みを17周（34段）編む。正面（後面）の縦ひもをまっすぐに、マチ側の縦ひもは少し広げながら編む。
★太さの違う2本で追いかけ編みすることを畝編みという。

編みひもが足りなくなったら、縦ひもの裏側でつなぐ。編んできたひもは縦ひもの中心にくる位置でカットし、つなぐひもは縦ひものキワ付近に合わせるとよい。継ぎ目が目立たず表側にひびかない方法。

17周（34段）編んだところ。34段めの周囲39cm程度に。

編み終わりは、[10][11]と同様に余分をカットし、内側で始末する。

memo

追いかけ編みの編みひもの始末は編んできた編みひもの上に重ねて貼ります。縦ひもの裏に貼ると、編み地を整えたり、縦ひもを折り返して編み目に通したりすることができなくなるので注意しましょう。

引き返し編み

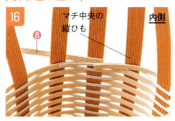

❽編みひも1本で引き返し編みをする。マチの中央の縦ひもを避け、1本手前の縦ひもの裏に❽を貼る。

正面を素編みで編み、もう一方のマチまで編んだら、中央の縦ひもの1本手前で引き返す。

正面を素編みで編み、編み始めの縦ひもより1本手前で引き返す。

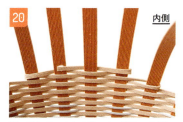

1段編むごとに縦ひも1本手前で引き返し、山形になるように9段編む。

編み終わりのひもは縦ひもで隠れる位置でカットし、縦ひもに貼る。

残りの❽編みひも1本で反対側の面も同様に引き返し編みをする。

ねじり編み

❾編みひも2本でねじり編みをする。左マチ中心の縦ひもの裏側にある編みひもに❾2本をずらして貼る。

縦ひもを挟むように2本のひもを交差させながら編む。下側に位置するひもを縦ひもにかけていく。よじれないように注意。

山形のラインに沿わせながら3段編む。
★ねじり編みは2本で1段と数える。

編み終わりのひもは、編み始めの縦ひもより1本分長めにカットし、内側で編みひもの上に貼る。

内側の編みひもに重ねて貼ったところ。

縁を始末し、持ち手を作る

27 正面中心から左右2本めの縦ひもを残し、縦ひもを内側に折る。

28 縦ひもをねじり編み1段（2本）下の編み目に通して始末する。マイナスドライバーを使って編み目を広げて通すとよい。

29 縦ひもを始末したところ。

縦ひも芯の持ち手

30 ❿持ち手ひも1本を残した縦ひもの裏側に沿わせ、底まで編み目に通す。通したら縦ひもと貼り合わせる。

31 ⓫持ち手補強ひも1本を残した縦ひもと突き合わせになるように長さを調整し、❿に貼る。

32 ❿持ち手ひも1本を残した縦ひもの表側に沿わせ、編み目に通し、縦ひもと⓫の上に重ねて貼る。

33 もう一方も同様に❿持ち手ひも2本と⓫持ち手補強ひも1本で持ち手を作る。

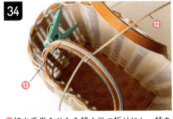

34 ⓬持ち手巻きひもを軽く二つ折りにし、持ち手の中心の裏に当て1巻きずつする。⓭持ち手飾りひもを持ち手の中心に揃えて重ねる。

35 ⓬持ち手巻きひもを⓭持ち手飾りひもの上に3回、下に2回巻き、中心から片側に6模様（⓭が6目）作る。

36 片側に6模様（⓭が6目）作ったら、残りは模様を入れずに隙間なく巻く。

37 根元まで巻いたら余分をカットし、ボンドをつけて巻きひもの間に差し込む。反対側も同様に巻く。中心に1目出るので全部で13目模様が出る。

38 もう一方の持ち手も同様に⓬持ち手巻きひも1本と⓭持ち手飾りひも1本で模様を出しながら巻く。バッグのできあがり。

コサージュを作る

39 ⓮コサージュを二重の輪にし、ボンドで貼る。

40 ⓯コサージュ2本⓰コサージュ1本をまとめ、端から20cmで折り、⓮の輪に通す。

41 ⓯⓰のわにひも先をそれぞれ通し、引き締める。

42 ⑮⑯コサージュの長い側で写真のようにループ状の花びらを作る。

43 花びらを5枚作ったら、⑭の輪に通して裏に出し、もう一方の⑮⑯（短いほう）と固結びする。結び目にボンドをつける。

44 ⑰コサージュ2本⑱コサージュ1本を揃え、あわじ結びを作る。マスキングテープなどでひもをまとめておくと作業しやすい。

45 引き締めて玉にしたところ。

46 玉の裏にボンドをつけて、花びらの中心に据える。

47 ⑰⑱の余りのひもを鉛筆などに巻きつけてカールさせる。長さは好みでカットして調整する。⑮⑯の余りのひもでバッグに取りつける。

06 引き返し編みのバスケットの裁ち図

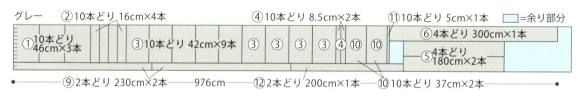
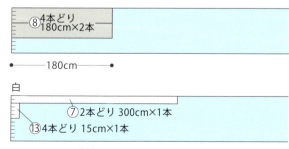

Lesson 1
基本の編み方で作る

06　引き返し編みのバスケット

Photo p.9　Size W16(底)×H11(中心)×D8.5cm(持ち手含まず)

材料
あみんぐテープ[10m巻]
　…グレー2巻、白1巻

用具
12ページ参照

テープのカット幅と本数
- ❶ 縦ひも　グレー／10本どり…46cm×3本
- ❷ 底ひも　グレー／10本どり…16cm×4本
- ❸ 縦ひも　グレー／10本どり…42cm×9本
- ❹ 始末ひも　グレー／10本どり…8.5cm×2本
- ❺ 編みひも　グレー／4本どり…180cm×2本
- ❻ 編みひも　グレー／4本どり…300cm×1本
- ❼ 編みひも　白／2本どり…300cm×1本
- ❽ 編みひも　グレー／4本どり…180cm×2本
- ❾ 編みひも　グレー／2本どり…230cm×2本
- ❿ 持ち手ひも　グレー／10本どり…37cm×2本
- ⓫ 持ち手補強ひも　グレー／10本どり…5cm×1本
- ⓬ 持ち手巻きひも　グレー／2本どり…200cm×1本
- ⓭ 持ち手飾りひも　白／4本どり…15cm×1本

底を作る

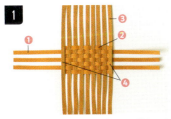

1 四角底(p.14)を参照し、❶縦ひも❷底ひも❸縦ひも❹始末ひもで四角底を作る。

2 四角底の4辺すべての縦ひもを折り、直角に立ち上げる。

側面を編む

3 引き返し編みの山なりバッグ(p.22)[3]〜[15]を参照し、❺編みひも2本で追いかけ編みを3周(6段)編み、❻❼編みひも各1本で追いかけ編みを5周(10段)編む。

4 [16]〜[21](p.24)を参照し、❽編みひも1本で引き返し編みをする。1段ごとに縦ひも1本手前で引き返し、山形に9段編む。残りの❽1本で反対側の面も同様に編む。

5 [22]〜[26](p.24)を参照し、❾編みひも2本で山形のラインに沿わせながら、ねじり編みを3段編む。

縁を始末し、持ち手を作る

6 長辺の中央の縦ひも(与真)を2本残し、縦ひもを内側に折ってねじり編み1段(2本)下の編み目に通す。

7 縦ひも芯の持ち手(p.25)を参照し、❿持ち手ひも1本⓫持ち手補強ひも1本❿1本の順で持ち手を作る。

8 [34]〜[37](p.25)を参照し、⓬持ち手巻きひも1本と⓭持ち手飾りひも1本で片側に2模様作り、残りは隙間なく巻く。

9 もう片側も同様に巻き、全部で5模様が出る。できあがり。

07 マルシェバッグ

Photo p.10　Size W22（口部分は30）×H18×D16cm

材料

●**白木**
あみんぐテープ[10m巻]
…白木3巻、ダークレッド1巻

●**柿渋**
あみんぐテープ[10m巻]
…柿渋3巻、白1巻

用具
12ページ参照

テープのカット幅と本数

① 縦ひも　6本どり…80cm×5本
② 底ひも　8本どり…12cm×6本
③ 縦ひも　6本どり…84cm×7本
④ 始末ひも　6本どり…10cm×2本
⑤ 編みひも　2本どり…785cm×2本
⑥ 差しひも　6本どり…36cm×8本
⑦ 差しひも　6本どり…35cm×8本
⑧ 編みひも　2本どり…500cm×1本
⑨ 編みひも　4本どり…500cm×1本
⑩ 編みひも　2本どり…90cm×2本
⑪ 編みひも　4本どり…330cm×6本
⑫ 縁ひも　8本どり…90cm×1本
⑬ 持ち手内ひも　6本どり…41cm×2本
⑭ 持ち手外ひも　6本どり…42cm×2本
⑮ 持ち手巻きひも　ダークレッド（白）／2本どり…170cm×2本
⑯ ステッチひも　ダークレッド（白）／1本どり…180cm×2本

※指定以外はすべて白木（柿渋）

裁ち図

□=余り部分

白木（渋柿）

ダークレッド（白）

底を作る　だ円底

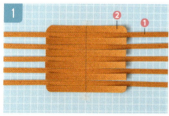

1. ①縦ひも②底ひもの中心に印をつけ、中心を揃えて交互に横に並べる。四隅にくる②の角を斜めに丸くカットする。

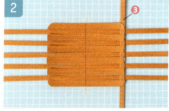

2. ③縦ひもの中心に印をつける。③1本を写真のように（②の下、①の上）②の右端に差し入れ、貼る。

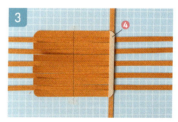

3. ④始末ひもの両端の角を斜めに丸くカットし、③縦ひもの上に貼る。

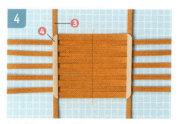

4. [2][3]と同様に③縦ひも1本を②底ひもの左端に差し入れて貼り、④始末ひもを貼る。

5. 四角底（p.14）を参照し、残りの③縦ひもを編み目が交互になるように入れる。

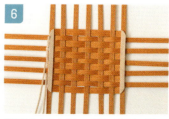

6. ⑤編みひも2本を左マチ側の縦ひもに通し、追いかけ編み（p.22）を参照して4周（8段）編む。

Lesson 1
基本の編み方で作る

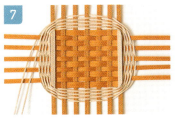

4周（8段）編んだらひもを休める。

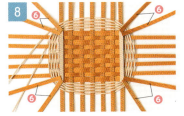

❻差しひもを2本ずつ四隅に斜めに貼る。

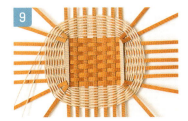

休ませていた❺編みひもで、差しひもも一緒に追いかけ編みを4周（8段）編む。

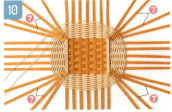

4周（8段）編んだらひもを休め、❼差しひもを2本ずつ❻の間に貼る。2本の先端は重ねる。だ円底ができたところ。

底ひもの角をカットしない場合

四角底のように横に並べる縦ひもが底ひもより多い場合は、底ひもと始末ひもの角はカットしない。

追いかけ編みで底を丸い編み地にし、だ円底を作る。

側面を編む

縦ひもと差しひも*を内側にしごいてカーブをつけ、なだらかに立ち上げる。
*立ち上げたひもは、すべて縦ひもと呼ぶ。

休ませていた❺編みひもで、追いかけ編みを5周（10段）、全体に丸みをつけて編む。

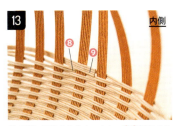

編み終わりは余分をカットし、❽❾編みひも各1本を❺編み終わりに重ねて貼る。

❽❾編みひもで追いかけ編みを6周（12段）編む。

6周（12段）編んだら余分をカットし、段差がなだらかになるように編みひもを2本重ねて内側で始末する。

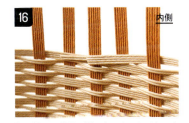

編み終わり位置の縦ひもからそれぞれ2本分長くとって編みひもをカットし、編みひもの裏に貼る。

❿編みひも2本を❽❾の編み終わりに貼り、ねじり編み（p.24）を参照し、1段編む。

1段編んだら余分をカットし、編みひもを2本重ねて内側で始末する。

縦ひもをまっすぐに伸ばす。この後は広げずに編むので、内側にカーブしている縦ひもをしごいて伸ばす。

⑪編みひも1本を左マチ側の縦ひもに洗濯バサミでとめ、素編みを半周編む。

半周編んだら、休ませる。新たに⑪編みひも1本を、編んできた編みひもの裏に貼る。

新しい⑪編みひもで半周編んだら、[20]の編み始めの⑪の先端をボンドで貼る。

追いかけ編みで11周（22段）編む。編みひもがなくなったら、[13]の要領で編みひもの裏で継ぎ足して編む。

11周（22段）編んだら、それぞれの編み始め位置で編み終わり、余分をカットして、内側で始末する。

編み終わり位置の縦ひもから2本分長くとって編みひもをカットし、編みひもの裏に貼る。

縁を始末し、持ち手を作る

縦ひもを最上段の編みひもを包む方向に折る。ただし、編み終わりの始末をした位置の縦ひもは内側に折る。

縦ひもの端が編みひもから出ないように余分をカットする。

縦ひもを外側と内側の編み目にそれぞれ通す。マチに角をつけ、形を整える。⑫縁ひもを口の内側に1周貼る。貼り終わりは重ねる。

四重持ち手

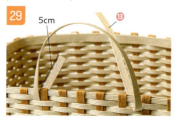

⑬持ち手内ひもを持ち手つけ位置に外側からそれぞれ通す。一方のひも端を5cm分出し、ひも端を突き合わせる。

突き合わせになるように貼り合わせる。

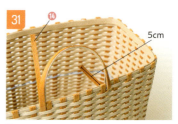

⑭持ち手外ひもを⑬持ち手内ひもに重ねるようにして同様に通す。突き合わせの位置（5cm分のひも端）が⑬と逆になるようにし、余分はカットする。

Lesson 1
基本の編み方で作る

突き合わせになるように貼り合わせる。四重持ち手ができたところ。

⓯持ち手巻きひもを軽く二つ折りにし、持ち手の中央に重ねて左右に半分ずつ巻く。

隙間なく巻きつける。持ち手を可動タイプにする場合は、かごの縁ギリギリまで巻かない。

巻き終わりはボンドをつけて持ち手の間に通し、余分をカットする。ひも端は巻きの中に入れ込む。反対側も同様にする。

もう一方も同様に⓭⓮で持ち手を作り、⓯で巻く。

ブランケットステッチ

⓰ステッチひもで縁をブランケットステッチの要領でかがる。内側から外へひも端を10cm出し、ひも先を交差させる。

長いほうのひもを外側から内へ編み目に通してループを作り、そのループにひも先を内側から出す。

ひもを引き締める。

縦ひもの間に2目ずつステッチをする。持ち手の箇所も同様に持ち手の左右にステッチがくるようにする。

途中でひもが足りなくなったら、新しく継ぎ足す。新しいひもをループに外側から通す。

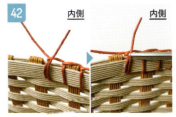

内側　　内側

継ぎ足すひも端を元のひもと揃えて縁ひもの上でボンドでとめる。元のひもは余分をカットする。

1周かがってきたところ。

かがり始めに残したひも先をループに通す。

内側

継ぎ足すときと同様に、裏側でひも端とひも先を揃えて貼り、余分をカットする。

だ円底 / 追いかけ編み / ねじり編み / ブランケットステッチ / 四重持ち手

08 サークルバッグ

Photo p.11　Size W18×H12.5（マチまで）×D7.5cm

材料

あみんぐテープ［10m巻］
　…つゆ草2巻、白1巻
ショルダー持ち手（15mm）
　ネイビー［FC-052］

テープのカット幅と本数

❶ 縦ひも　つゆ草／6本どり…36cm×16本
❷ 編みひも　つゆ草／2本どり…500cm×4本
❸ 差しひも　つゆ草／6本どり…16cm×32本
❹ 編みひも　白／1本どり…70cm×32本
❺ 編みひも　つゆ草／4本どり…40cm×13本
❻ 編みひも　白／6本どり…48cm×2本
❼ リングひも　つゆ草／2本どり…21cm×2本
❽ 補強ひも　つゆ草／12本どり…7.6cm×2本

用具

12ページ参照

裁ち図

底を作る　丸底

1 ❶縦ひも2本を十字に組んでボンドで貼る。4組作る。

2 ［1］の2組の中央を「米の字」に合わせ、ひもの間隔が均一になるようにして貼る。これを2組作る。

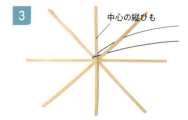

3 ❷編みひも2本を縦ひもに編み目が交互になるように貼り、追いかけ編み（p.22）を参照して4周（8段）編む。

4 4周（8段）編んだらひもを休ませ、［2］のもうひと組を重ね、重なった編み地とひもを貼り合わせる。

5 休ませていた❷編みひもで追いかけ編みを7周（14段）編む。中心の縦ひもの1本手前（左）の縦ひもから編み始める。❷が足りなくなったら継ぎ足しながら編む。

6 7周（14段）編んだらひもを休め、［5］の編み地の上に❸差しひもを縦ひもの間に16本貼る。

Lesson 1
基本の編み方で作る

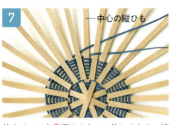

7 休ませていた❷編みひもで、差しひももも一緒に追いかけ編みを5周(10段)編む。このとき中心の縦ひもの1本先(右)の縦ひもから編む。

8 5周(10段)編んだら、縦ひも1本分長くとってカットし、前段の編みひもに貼る。

矢羽編み

9 ❹編みひも1本どりを4本の束にする。4本の先にボンドをつけて固める。

10 ❹編みひもの2束を縦ひもに1本ずつずらして洗濯バサミでとめる。

11 ねじり編み(p.24)を1段編む。下側に位置する束を縦ひもにかけていく。

12 1段編んだら、❹編みひも2束の編み終わり位置にボンドをつけ、4本を固める。

13 固まったら余分をカットし、編み始めのひもに重ねて貼る。

14 ❹編みひも残り2束を[10]と同様に縦ひもに洗濯バサミでとめる。

15 逆ねじり編みをする。上側に位置する束をもう1つの下を通して縦ひもにかけていく。ねじり編みの上に逆ねじり編みを編むと、矢羽模様ができる。

16 1段編んできたところ。

17 最後の縦ひもにかけるときは、矢羽模様ができるよう編み始めのひもの下に通す。

18 [12][13]と同様にボンドをつけて固め、始末する。

33

19

編み始めの反対側に位置する縦ひも11本を内側に折り、編み地に揃えて余分をカットし、編み目に通す。→A

20

[1]～[19]を繰り返し、同じものをもう一つ作る。→B

21

残った縦ひもをカットする。Aは7.8cm、Bは7.6cmにする。余った紙バンドで定規を作るとよい。

22

AとBの縦ひもを貼り合わせる。Aが外側になるようにし、ひも端1cm分にはボンドをつけないこと。

23

縦ひもをすべて貼り合わせたところ。1cmずつ貼り残す。

24

⑤編みひも2本を縦ひもに素編みする。

25

⑤編みひも1本ずつを両脇にずらす。

26

⑤編みひも2本を[24][25]と同様に素編みして、両脇にずらす。

27

縦ひもの端が見えるところ（ボンドをつけていない部分）を⑤編みひもで隠れる位置でカットする。

28

⑤編みひも2本ずつ素編みし、両脇で6段ずつ編んだところ。

29

⑥編みひも2本を同様に素編みし、残りの⑤編みひも1本を⑥の間に素編みする。

30

⑦リングひも2本をボンドをつけながら、それぞれ3重の輪にする。

31

⑤編みひもの端は縦ひもを包む方向に折る。内側にある⑤は縦ひものキワでカットし、ボンドで縦ひもに貼る。外側にある⑤は縦ひもを包んで内側で貼る。

32

[30]のリングを⑥編みひもに通し、ボンドをつけて⑥を内側に折り、編み目に通す。

33

⑧補強ひも1本を⑤編みひもの始末を隠すように貼る。反対側も[31]～[33]と同様にする。リングに持ち手のカニカンをつなぐ。

Lesson 2
いろいろな編み方で作る

Lesson 1 で紹介した四角底やだ円底をベースに、
さまざまな技法を使って側面を編みます。
新しい編み方にチャレンジしながら
数種類の技法を組み合わせて作ってみましょう。

紹介するテクニック

【編み方】
ゴッドアイ編み　　p.46
3本縄編み　　p.51
タイル編み　　p.56
花の四つ編み　　p.58
とばし編み　　p.60
丸編み　　p.61
よろい編み　　p.69
交差編み　　p.71

【縁かがり】
縁かがり　　p.53

09

ゴッドアイのミニかご

ゴッドアイのモチーフが目を引くミニかご。
ピンクッションにもぴったりのサイズです。

How to make ● p.46

10

ゴッドアイのバスケット

飾って楽しむ北欧スタイルのバスケットは
落ち着いたカラーの単色使いでシックな雰囲気に仕上げます。

How to make ● p.48

Lesson **2**
いろいろな編み方で作る

11

タイル編みのかご

ブロックを積んだような編み地が楽しいタイル編み。
かごの存在感に負けないよう
花の四つ編みでブレードを編んで持ち手で挟み、
レース縁のようなあしらいをプラスしました。

How to make ・ p.56

12
縁かがりのバッグ

いろんなシーンで使えるシンプルなバッグは、
口部分にボリュームを出した縁かがりがポイント。
少々複雑ですが、デザイン性だけでなく縁の強度も高まります。
また、この作品で学ぶ「3本縄編み」は
側面の編み始めや編み終わりに多用する技法です。

How to make・p.51

Lesson **2**
いろいろな編み方で作る

13
クロス模様のバッグ

12のバッグをツートーンで作れば
クロスとドットの柄遊びが楽しめます。
底を作る際に、縦ひもの色を交互に配する要領を理解して
好きな色の組み合わせを考えてみましょう。

How to make・**p.55**

14
とばし編みのバッグ

斜めに流れるような編み地が人気のとばし編み。
3本縄編みと組み合わせて、とばし編みを引き立たせました。
持ち手は手になじみやすい丸編みで作ります。

How to make • p.59

Lesson 2
いろいろな編み方で作る

15
とばし編みの広口バスケット

多用途に使える入れ口の広がったバスケット。
縁かがりを施して愛らしいフォルムを
よりいっそう印象的に仕上げます。

How to make ・ p.62

16

菱出しバッグ

追いかけ編みをしながらとばし編みの要領で
正面にダイヤ柄を作ります。
矢羽編みを組み合わせてエレガントな雰囲気に。

How to make・p.64

17

ウッドハンドルの菱出しバッグ

市販の木製ハンドルを活用すると、グレード感のある
ナチュラルスタイルのバッグになります。
クロスステッチのようなかがり目もポイントです。

How to make ・ p.67

Lesson 2
いろいろな編み方で作る

18

よろい編みのバッグ

横長の可憐なフォルムで
ワンマイルのおでかけにぴったりな小ぶりのバッグ。
立体感のある編み地は、3本の編みひもで
縦ひもを2本とばしながら三つ編みの要領で編みます。

How to make・p.68

19

交差編みのバッグ

ロマンティックな印象になる交差編みは
渋めのカラーを選んでもフェミニンに仕上がります。
1本のひもで素編みしながら、
細い2本のひもで縦ひもの上をクロスさせる技法です。

How to make • p.70

09 ゴッドアイのミニかご

Photo **p.36**　Size 口直径5×H3cm

材料
あみんぐテープ[10m巻]
　…白180cm、フジ60cm

用具
12ページ参照

テープのカット幅と本数
❶ 枠ひも　白／2本どり…30cm×2本
❷ 編みひも　フジ／1本どり…60cm×2本
❸ 軸ひも　白／2本どり…7.2cm×4本
❹ 編みひも　白／1本どり…180cm×2本
❺ 持ち手巻きひも　白／1本どり…30cm×1本
❻ 持ち手巻きひも　フジ／1本どり…30cm×1本

裁ち図

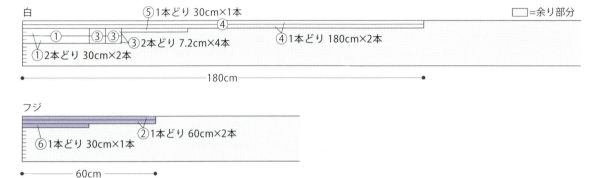

枠を作る

1
❶枠ひも2本をそれぞれ二重巻きの輪にし、ボンドで貼り合わせる。ひも端と反対側の位置に印をつける。

2
2つの輪を十字に組み合わせる。ひも端同士、印同士を合わせ、交差部分を貼る。枠ができたところ。

ゴッドアイ編み

3
❷編みひも1本でゴッドアイを5周編む。
❷のひも端を1.5cm残して右上方向→横の枠にかける→左上方向と交差部分に渡す。

4
反時計回りにひもを枠にかけていく。縦の枠にかけ、横の枠にかけて縦の枠にかけようとしているところ。このとき、ひも端の下を通す。ただし、2周めからはひも端の上を通し、ひも端は裏側で編みひもに巻き込む。

5
縦の枠にかけたところ。これで[3]から1周したところ。

Lesson 2
いろいろな編み方で作る

6
5周したところ。

7
余分をカットし、ゴッドアイの編みひもの裏に貼る。

8
もう一方も同様に❷編みひも1本でゴッドアイを5周編む。

かご部分を編む

9
❸軸ひも4本をゴッドアイの裏面に左右2本ずつ貼る。きれいに貼れるよう先端を斜めにカットする。

10
❸軸ひも4本を横の枠も含めて隙間が均等になるように貼る。

11
❹編みひもの端を1cmほど横の枠にかけて折り、ボンドで❹にとめ、引き返し編み（p.24）をする。

12
もう一方の横の枠まで編んだら引き返し、24段（12往復）編む。

13
24段編んだら、ひもを休め、もう1本の❹編みひもで反対側から同様に編む。

14
反対側から24段編んだところ。

15
かごの内側で❹編みひも2本の余分をカットし、ひも端同士を貼り合わせる。

16
編み地に沿って貼る。

17
❺❻持ち手巻きひもを2本並べ、持ち手になる枠ひもにとめる。

18
2本揃えたまま、ひも端も一緒に隙間なく巻く。端まで巻いたら、ボンドをつけて余分をカットする。

19
カットしたところ。

20
できあがり。

10 ゴッドアイのバスケット

Photo p.36　Size W18.5×H7×D15cm

材料
あみんぐテープ[10m巻]
　…コーヒー1巻

用具
12ページ参照

テープのカット幅と本数
- ❶ 枠ひも　6本どり…40cm×6本
- ❷ 枠ひも　6本どり…20cm×6本
- ❸ 編みひも　3本どり…210cm×2本
- ❹ 軸ひも　12本どり…23cm×8本
- ❺ 編みひも　2本どり…500cm×4本
- ❻ 編みひも　2本どり…250cm×1本
- ❼ 編みひも　2本どり…20cm×2本
- ❽ 持ち手巻きひも　2本どり…220cm×1本

裁ち図

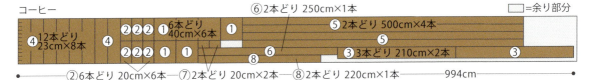

枠を作る

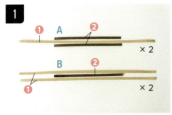

1　❶❷枠ひも各3本を写真のように並べ、❷枠ひもにボンドをつけて中心を合わせて貼り合わせる。2組ずつ作る。

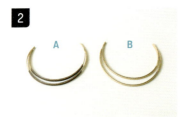

2　カーブがつくように折りぐせをつけて乾かす。

3　同じ組み合わせ同士をセットにし、縦ラインを上にして十字に重ね、軽くボンドでとめる。

4　❸編みひも1本をひも端5cm残して、ゴッドアイを8周編む。

5　1周編んだところ。

6　ひも端は縦の枠ひもの裏に添わせ、編みひもで巻き込んでいく。

7　8周編んだところ。

8　編みひもの端を巻きの中に通して引き締め、余分をカットする。

9　ゴッドアイの裏に❹軸ひもを4本貼る。三角のスペースに収まるよう端を斜めにカットする。

かご部分を編む

10 ❺編みひも1本をゴッドアイ脇の枠ひもの裏側にとめ、引き返し編み（p.26）を8段（4往復）編む。引き返す際、枠ひもに❺を1回巻く。

11 8段（4往復）編んだら編みひもを休ませる。

12 ❹軸ひもを半分に割く。休ませていた編みひもで、割いた軸ひもに引き返し編みを12段（6往復）編む。

13 ❺編みひもを継ぎ足しながら、引き返し編みを12段編んだところ。編みひもを休ませる。［4］〜［12］の要領でもう1セット作る。

14 2組の枠ひも（横）をそれぞれ貼り合わせる。BでAを挟む形になる。Bの外側のひもとAが突き合わせになるように内側のひもをカットして調整する。

15 枠ひも（縦）もそれぞれ突き合わせになるように貼る。

16 軸ひもはそれぞれ重ねて、貼り合わせる。

17 休めていた❺編みひもで、左右それぞれ22段（11往復）編む。

18 ❺編みひもの1本はカットし、❻編みひもを継ぎ足す。残りの❺は休ませる。

19 両端の軸ひもを1本ずつ減らしながら引き返し編みをする。軸ひも中央3本まで編む。

20 軸ひも中央3本まで編んだら、続けて両端の軸ひもを1本ずつ増やしながら引き返し編みをする。

21 引き返し編みで軸ひもの端まで編んだら、余分をカットし、［18］で休ませていた❺編みひもと貼り合わせる。

Lesson 2　いろいろな編み方で作る

ゴッドアイ編み　引き返し編み

22 ❼編みひも1本で隙間を埋めるように、軸ひも3本分を引き返し編みをする。

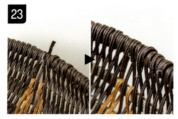

23 余分なひもをカットし、枠を挟んで両端のひもを貼り合わせる。一方の隙間も❼編みひもで同様に編む。

24 かご部分を編んだところ。

25 枠ひも（縦）を重ねて持ち手にする。外側のひもと突き合わせになるように内側のひもをカットして調整する。

26 枠ひも（縦）を貼り合わせる。持ち手ができたところ。

27 ❽持ち手巻きひもを軽く二つ折りにし、持ち手の中央に重ねて左右に半分ずつ巻く。

28 内側 巻き終わりは先端が斜めになるように余分をカットし、ボンドをつけて巻きの中に差し込む。

29 もう一方も同様に巻く。できあがり。

12 縁かがりのバッグ の裁ち図

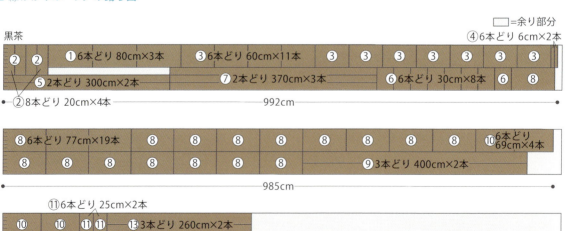

Lesson 2
いろいろな編み方で作る

12 縁かがりのバッグ

Photo p.38　Size W25×H19×D12cm（持ち手含まず）

材料
あみんぐテープ［10m巻］
…黒茶3巻

用具
12ページ参照

テープのカット幅と本数
- ❶ 縦ひも　6本どり…80cm×3本
- ❷ 底ひも　8本どり…20cm×4本
- ❸ 縦ひも　6本どり…60cm×11本
- ❹ 始末ひも　6本どり…6cm×2本
- ❺ 編みひも　2本どり…300cm×2本
- ❻ 差しひも　6本どり…30cm×8本
- ❼ 編みひも　2本どり…370cm×3本
- ❽ 編みひも　6本どり…77cm×19本
- ❾ 編みひも　3本どり…400cm×2本
- ❿ 持ち手ひも　6本どり…69cm×4本
- ⓫ 持ち手補強ひも　6本どり…25cm×2本
- ⓬ 持ち手巻きひも　2本どり…310cm×2本
- ⓭ 縁かがりひも　3本どり…260cm×2本

底を作る

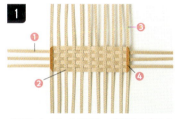

1 だ円底（p.28）を参照し、❶縦ひも❷底ひも❸縦ひも❹始末ひもで底のベースを作る。

2 だ円底（p.28）を参照し、❺編みひも2本で追いかけ編み（p.22）を3周（6段）編み、ひもを休めて❻差しひもを2本ずつ四隅に貼り、2周（4段）編む。

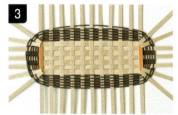

3 2周（4段）編んだら、編み始め位置の縦ひもから、2本分長くとって❺編みひもをカットし、編みひもの裏に貼る。

側面を編む　3本縄編み

4 ❼編みひも2本を❺編みひもの編み終わりに続けるように貼り、残りの❼1本を縦ひも1本ずらした位置に貼る。

5 縦ひもと差しひも＊をゆるく立ち上げる。側面を見ながら3本縄編みを編む。
＊立ち上げたひもは、すべて縦ひもと呼ぶ。

6 ❼編みひも3本で3本縄編みを5段編む。まず、左のひも（アクアブルー）を縦ひも2本とばして3本めにかける。

7 次に真ん中のひも（つゆ草）を2本とばして3本めに上からかける。2本の編みひもの上になる。

8 次に右のひも（柿渋）を2本とばして3本めに上からかける。

9 ［6］〜［8］を繰り返し、編んでいく。指を入れながら縦ひもに丸みをつける。3本で1周編んだら1段と数える。

5段編んだら、❼編みひも3本とも裏側に回し、余分なひもをカットする。

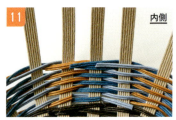
縦ひもの裏で最終段の編みひもに重ねて貼る。

❽編みひも1本を左マチの中央の縦ひもから1本手前の縦ひもに洗濯バサミでとめて素編みをする。

ひも端を重ねてボンドで貼る。重なり（のり代）を測る。

残りの❽編みひもを同じのり代寸法で輪にする。

輪にした❽編みひもを1本ずつかぶせ入れ、編み目が前段と交互に出るように縦ひもを引き出す。

❽編みひもで計19段、輪編みをする。のり代のつなぎ目は前段と縦ひも1本ずらす。

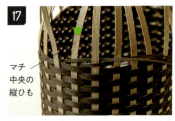
❾編みひも2本を、マチ側の縦ひもに写真のようにセットし、追いかけ編み（p.22）で5周（10段）編む。

5周（10段）編んだら、内側で編みひもを始末する。

縁を始末し、持ち手を作る

正面中心から左右4本めの縦ひもを残し、縦ひもを最終段の編みひもを包む方向に折る。ただし、編み終わりの始末をした位置の縦ひもは内側に折る。

折った縦ひもを表と裏でそれぞれ編み目に通し、始末する。

縦ひも芯の持ち手（p.25）を参照し、❿持ち手ひも2本と⓫持ち手補強ひも1本で持ち手を作る。

Lesson 2
いろいろな編み方で作る

⓬ 持ち手巻きひもを軽く二つ折りにし、持ち手の中心からそれぞれ隙間なく巻く。

根元まで巻いたら余分をカットし、ボンドをつけて巻きひもの間に差し込む。反対側も同様に巻く。

縁かがり

⓭ 縁かがりひもをひも端5cmほど残して外から差し込む。

反対（手前）側のひもで縦ひもを4本とばして内側から外へ出す。

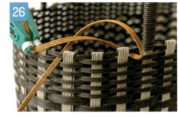
縦ひもを3本戻って、内側から外へ出す。

縦ひもを4本とばして内側から外へ出し、縦ひもを3本戻って内側から外へ出す。写真は4本とばしで進めたところ。

3本戻して内側から外へ出す。このとき、写真のひも（★）の下を通して3本戻る。

引き締めたところ。

縦ひもを4本とばして内側から外へ出す。このとき、写真のひも（★）の下を通して4本とばす。

[28]と同様に真ん中のひもの下を通して3本戻る。

[30]と同様に真ん中のひもの下を通して4本とばす。

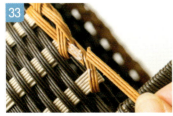
編みひもを継ぎ足すときは、この位置（戻ったひもで隠す位置）でカットし、新しいひもを貼り合わせる。

編み始め位置まで編み進めたところ。

最初に差し込んだひも端を外し、外した縦ひもまで縁かがりを編む。

53

36 さらに縁かがりを編む。4本とばして内側から外へ出すとき、★の輪に通し、3本戻るとき、表側の★の輪の下を通して、ひもの重なりを揃える。

37 [36]の要領でさらに編む。4本とばして3本戻ったところ。

38 さらに4本とばしで進めたところ。編み始めのひも端とちょうど重なるところでカットし、ボンドで貼り合わせる。

39 ひもで隠れる位置にひも端がくるようにしてつなぐ。

40 縁かがりができたところ。できあがり。

13 クロス模様のバッグの裁ち図

グレー

①6本どり 80cm×1本　④6本どり 6cm×2本　□=余り部分
②8本どり 20cm×4本
③6本どり 60cm×6本
⑤2本どり 300cm×2本
⑥6本どり 30cm×4本
⑦2本どり 370cm×3本
⑧6本どり 77cm×11本
978cm

⑨3本どり 400cm×1本
400cm

ターコイズグリーン

①6本どり 80cm×2本
③6本どり 60cm×5本
⑥6本どり 30cm×4本
⑧6本どり 77cm×8本
⑩6本どり 68cm×4本
⑪6本どり 25cm×2本
⑬3本どり 260cm×2本
926cm

⑫2本どり 310cm×2本
⑨3本どり 400cm×1本
400cm

Lesson 2
いろいろな編み方で作る

13 クロス模様のバッグ

Photo p.39　Size W25×H19×D12cm（持ち手含まず）

材料
あみんぐテープ[10m巻]
…グレー2巻、ターコイズグリーン2巻

用具
12ページ参照

テープのカット幅と本数
① 縦ひも　Aグレー／6本どり…80cm×1本
　　　　　BTG／6本どり…80cm×2本
② 底ひも　グレー／8本どり…20cm×4本
③ 縦ひも　Aグレー／6本どり…60cm×6本
　　　　　BTG／6本どり…60cm×5本
④ 始末ひも　グレー／6本どり…6cm×2本
⑤ 編みひも　グレー／2本どり…300cm×2本
⑥ 差しひも　Aグレー／6本どり…30cm×4本
　　　　　　BTG／6本どり…30cm×4本
⑦ 編みひも　グレー／2本どり…370cm×3本
⑧ 編みひも　Aグレー／6本どり…77cm×11本
　　　　　　BTG／6本どり…77cm×8本
⑨ 編みひも　Aグレー／3本どり…400cm×1本
　　　　　　BTG／3本どり…400cm×1本
⑩ 持ち手ひも　TG／6本どり…68cm×4本
⑪ 持ち手補強ひも　TG／6本どり…25cm×2本
⑫ 持ち手巻きひも　TG／2本どり…310cm×2本
⑬ 縁かがりひも　TG／3本どり…260cm×2本

※TGはターコイズグリーンの略

底を作る

1

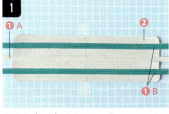

だ円底（p.28）を参照し、①縦ひも3本と②底ひも4本を写真のように並べる。

2

だ円底（p.28）を参照し、③縦ひもA2本と④始末ひもを貼ったら、③ABが交互に並ぶように入れる。

3

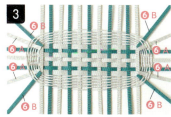

だ円底（p.28）を参照し、⑤編みひも2本で追いかけ編み（p.22）を3周（6段）編み、ひもを休めて⑥差しひもを2本ずつ四隅に貼り、2周（4段）編む。

側面を編む

4

縁かがりのバッグ[4]～[16]（p.51）と同様に、⑦編みひも3本で3本縄編みを5段、⑧編みひもで輪編みを19段編む。

5

縁かがりのバッグ[17]～[18]（p.52）と同様に⑨編みひも2本で追いかけ編みで5周（10段）編む。このとき、1段めはA、2段めがBになるようにする。

縁を始末し、持ち手を作る

6

縁かがりのバッグ（p.52）[19]～[40]と同様に、縦ひもを始末し、⑩持ち手ひも2本と⑪持ち手補強ひも1本で持ち手を作り、⑫持ち手巻きひもで巻く。⑬縁かがりひもで縁をかがる。

11 タイル編みのかご

Photo p.37　Size W23×H15×D17cm(持ち手含まず)

材料
あみんぐテープ[10m巻]
…チョコ3巻

用具
12ページ参照

テープのカット幅と本数
- ❶ 縦ひも　6本どり…64cm×7本
- ❷ 底ひも　8本どり…18cm×6本
- ❸ 縦ひも　6本どり…56cm×11本
- ❹ 始末ひも　6本どり…11cm×2本
- ❺ 編みひも　2本どり…340cm×2本
- ❻ 差しひも　6本どり…23cm×8本
- ❼ 編みひも　2本どり…315cm×4本
- ❽ 編みひも　12本どり…215cm×5本
- ❾ 編みひも　2本どり…85cm×4本
- ❿ 編みひも　3本どり…220cm×2本
- ⓫ ブレードひも　3本どり…150cm×2本
- ⓬ 持ち手ひも　8本どり…157cm×1本
- ⓭ 持ち手とめひも　2本どり…40cm×2本

裁ち図

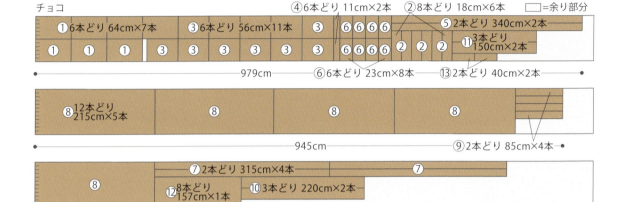

底を作る

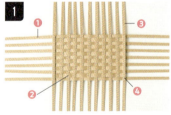

四角底（p.14）を参照し、❶縦ひも❷底ひも❸縦ひも❹始末ひもで底のベースを作る。

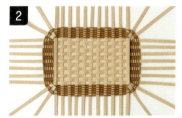

だ円底（p.28）を参照し、❺編みひも2本で追いかけ編み（p.22）を3周（6段）編み、❻差しひもを2本ずつ四隅に貼り、❺で2周（4段）編む。編みひもは始末する。

側面を編む

縦ひもと差しひも*を内側に丸みがつくように立ち上げる。❼編みひも2本で追いかけ編みを8周（16段）編む。
＊立ち上げたひもは、すべて縦ひもと呼ぶ。

Point!

❼編みひも2本を❺編みひもの編み終わりに続けるようにマチ側の縦ひもに1本ずつずらしてセットする。

❼を継ぎ足しながら（p.23 Point!）追いかけ編みを8周（16段）編んで、編みひもの始末をしたところ。外周が77cmになるように丸く編む。

タイル編み

余っている紙バンドで1段めのゲージ（6.3cm、2.7cm）を作る。❽編みひも1本をゲージに合わせて折る。長いほうから折り目をつける。

56

Lesson 2
いろいろな編み方で作る

6 折り目がジグザグになるようにゲージに合わせて折る。

7 折った❽編みひもを左マチの中央の縦ひもの裏に洗濯バサミでとめ、写真のように❽を出す。

8 ❽編みひもを2本先の縦ひもにかけて内側に折り、縦ひも1本分戻って内側に折る。さらに縦ひも3本進んで1本戻る。これを繰り返し、1段編む。

9 3本先の縦ひもにかけて内側に折り、縦ひも1本分戻って内側に折るを繰り返し、1段編んだところ。

10 1段編んだら、❽編みひもの両端を貼り合わせる。

ゲージ	
1段め	6.3cm、2.7cm
2段め	6.2cm、2.65cm
3段め	6.1cm、2.6cm
4段め	5.9cm、2.5cm
5段め	5.7cm、2.4cm

11 2段めはゲージを変えて❽編みひも1本を折る。1段めと縦ひも1本分ずらして洗濯バサミでとめ、[8]と同様に編む。

12 2段めを編んだところ。1段めと編み目が互い違いになる。

13 3段め以降もゲージを変えて前段と編み目が互い違いになるように編み、計5段編む。口に向かってすぼむように両サイドの縦ひもを少し内側に倒して編む。

14 5段めを編んだところ。ひもは上段ほど余るので、余分をカットして貼り合わせる。

15 ❾編みひも2本をマチ側の縦ひもの裏に1本ずつずらして洗濯バサミでとめ、ねじり編み（p.24）を1段編む。

16 1段編んだら、❾の最初と最後のひも端同士を貼り合わせる。❿編みひも2本をマチ側の縦ひもに1本ずつずらしてセットし、追いかけ編みを3周（6段）編む。残りの❾編みひも2本で[15]と同様にねじり編みを1段編む。

縁を始末する

17
左右のマチ中央の縦ひもの両隣1本ずつ、計4本を残し、縦ひもをすべて内側に折って編み目に通す。

18
残した縦ひも2本のうち1本でループを作って編み目に差し込み、もう1本をボンドをつけて貼り合わせる。

ブレードを編む 花の四つ編み

19
⓫ブレードひも2本で花の四つ編みを33cm分編む。Aの中心にBの中心を斜めに折ってかける。

20
Aの左半分を折り、Bの前に出す。さらに右半分を後ろに折って、A同士を交差する。

21
Bの右側を後ろに折り、Bの左側の上に出して水平にする。

22
水平にしたBを後ろに折り、Aの上に出して交差する。

23
Bの左側を後ろに折り、Aの右側の上に出して水平にする。

24
水平にしたBを後ろに折り、Bの上に出して交差する。[20]の形に戻ったところ。これを繰り返すと花の四つ編みになる。

25
33cm分編んだら、編み終わりは水平のひもに合わせてカットしてボンドで貼る。→ブレード

持ち手を作る

26
⓬持ち手ひものひも端5cm分をループの内側に出す。ループを通しながら2周する。ひもの両端が突き合わせの位置になるようにして二重の輪にする。

27
二重になったひもを貼り合わせる。輪を二つ折りにする。

28
ブレードを二つ折りにした持ち手の真ん中に挟み入れ、飾りが左右均等にはみ出るようにしてボンドで貼る。

29
⓭持ち手とめひも1本をブレードの端の位置で結ぶ。

30
リボン結びをする。もう一方も同様に⓭持ち手とめひもでリボン結びをする。

Lesson 2
いろいろな編み方で作る

14 とばし編みのバッグ

Photo p.40 Size W(底)26.5×H22.5×D15.5cm

材料
あみんぐテープ[10m巻]
…つゆ草3巻

用具
12ページ参照

テープのカット幅と本数
① 縦ひも　6本どり…80cm×5本
② 底ひも　8本どり…20cm×6本
③ 縦ひも　6本どり…72cm×11本
④ 始末ひも　6本どり…10cm×2本
⑤ 編みひも　2本どり…400cm×2本
⑥ 差しひも　6本どり…30cm×8本
⑦ 編みひも　2本どり…400cm×3本
⑧ 編みひも　4本どり…480cm×6本
⑨ 編みひも　2本どり…400cm×3本
⑩ 縁ひも　12本どり…76cm×1本
⑪ 持ち手ひも　4本どり…80cm×8本

裁ち図

つゆ草

(裁ち図：926cm / 800cm / 960cm の3本分)

底を作る

1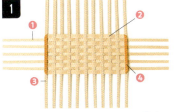

だ円底（p.28）を参照し、①縦ひもと②底ひもと③縦ひもと④始末ひもで底のベースを作る。

2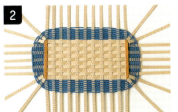

だ円底（p.28）を参照し、⑤編みひも2本で追いかけ編み（p.22）を4周（8段）編み、⑥差しひもを2本ずつ四隅に貼り、⑤で2周（4段）編む。編みひもは始末する。

Point!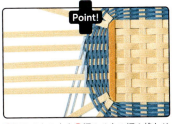

⑦編みひも2本を⑤編みひもの編み終わりに続けるように貼り、残りの⑦1本を縦ひも1本ずらした位置に貼る。

側面を編む

3

縦ひもと差しひも*をゆるく立ち上げる。⑦編みひも3本で3本縄編み（p.51）を5段編む。
＊立ち上げたひもは、すべて縦ひもと呼ぶ。

4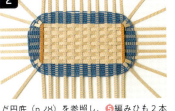

5段編んだら、編み終わりは余分をカットし、縦ひも裏で最終段の編みひもに重ねて貼る。

5

縦ひもをすべて半分の幅（3本どり）に割く。

とばし編み

⑥
——中央の縦ひも

❽編みひも1本を左マチの中央の縦ひも（写真）の裏に洗濯バサミでとめる。

⑦

割いた縦ひもの2本前側を編みひもが渡るのを前2目とし、[前2目・後ろ2目・前3目・後ろ2目]のとばし編みをする。

⑧

[前2目・後ろ2目・前3目・後ろ2目]と編んでいるところ。全体が右方向へゆがみがちなので形を確認しながら縦ひもをまっすぐにして編む。

⑨

⑩

編み終わりは、段差がなだらかになるように編み始め位置より長めにカットし、内側で始末する。

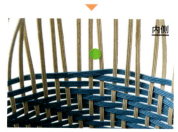

編み始め位置の縦ひもから、2本分長くとって編みひもをカットし、編みひもの裏に貼る。

とばし編みで36段編む。ひもが足りなくなったら、縦ひもの裏で❽を継ぎ足しながら（p.23 Point!）編む。

⑪

❾編みひも3本で3本縄編みを5段編む。3本を貼ったところ。

⑫

縦ひも2本を1本として（割く前の6本どりで）3本縄編みをする。左のひもを2本（実際は4本）とばし、3本め（実際は5、6本めの2本分）にかけたところ。

⑬

同様にして編み進めているところ。

縁を始末する

⑭

5段編んだら、余分をカットし、縦ひもの裏で最終段の編みひもに重ねて貼る。

⑮

縦ひもをすべて内側に折る。

⑯

縦ひもは1cm残してすべてカットする。

Lesson 2
いろいろな編み方で作る

持ち手を作る

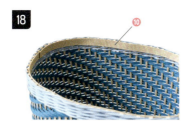

17 縦ひもをまっすぐに整え、1cm分にボンドをつけて内側に貼る。

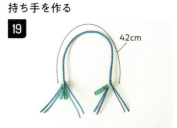

18 ⑩縁ひもを口の内側に貼る。マチ側から貼り始め、貼り終わりのひも端は1cm重ねる。

19 ⑪持ち手ひも4本で丸編みをする（下・丸編み参照）。両端は始末分15cmを編み残す（持ち手分42cm）。2セット作る。

20 持ち手の2本を中央の縦ひも18本分挟んで、上から3段めの編みひもの下に、縦ひも2本を挟む位置で外側から差し込み、折り上げる（A）。

21 折り上げたAを表に返し、写真のようにクロスさせる。

22 もう一度、[20]で差し込んだ編み目にAを通す。

23 Aは1.5cm残してカットし、ひもの上に重ねて貼る。

24 残りの持ち手の2本はAの輪に通し、ボンドをつけて引き締め、余分をカットする。

25 反対側も同様につけたところ。もう1本の持ち手を同様につける。

丸編み

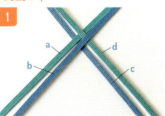

1 4本のひもを写真のように組む。

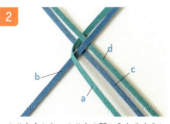

2 aのひもをbとcのひもの間に入れるようにひもを返す。

3 cのひもをaのひもと交差するようにひもを返す。

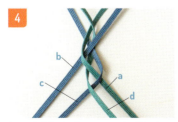

4 dのひもを後ろからbとcのひもの間に出し、表に返す。

5 bのひもを後ろからdとaのひもの間に出し、表に返す。次は右端のひも（a）を後ろからcとbの間に出し、表に返す。

6 [4]～[5]のように、右端のひも、左端のひもと交互に繰り返して編む。

15 とばし編みの広口バスケット

Photo p.41　Size W24(底)×H14×D18.5cm(持ち手含まず)

材料
あみんぐテープ[10m巻]
　…うぐいす3巻

用具
12ページ参照

テープのカット幅と本数
❶ 縦ひも　6本どり…66cm×5本
❷ 底ひも　9本どり…16cm×6本
❸ 縦ひも　6本どり…60cm×11本
❹ 始末ひも　6本どり…10cm×2本
❺ 編みひも　2本どり…580cm×2本
❻ 差しひも　6本どり…24cm×8本
❼ 編みひも　2本どり…360cm×3本
❽ 編みひも　3本どり…410cm×4本
❾ 編みひも　3本どり…500cm×2本
❿ 縁かがりひも　4本どり…215cm×3本
⓫ 持ち手ひも　12本どり…56cm×2本
⓬ 持ち手補強ひも　6本どり…56cm×1本
⓭ 持ち手飾りひも　4本どり…39cm×1本
⓮ 持ち手巻きひも　2本どり…600cm×1本

裁ち図

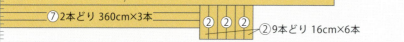

底を作る

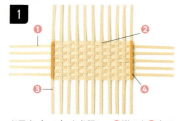

1 だ円底(p.28)を参照し、❶縦ひも❷底ひも❸縦ひも❹始末ひもで底のベースを作る。

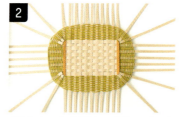

2 だ円底(p.28)を参照し、❺編みひも2本で追いかけ編み(p.22)を4周(8段)編み、❻差しひもを2本ずつ四隅に貼り、❺で5周(10段)編む。編みひもは始末する。

側面を編む

3 縦ひもと差しひも*をしっかり立ち上げる。
❼編みひも3本で3本縄編み(p.51)を4段編む。
*立ち上げたひもは、すべて縦ひもと呼ぶ。

4 4段編んだら、編み終わりは余分をカットし、縦ひもの裏で最終段の編みひもに重ねて貼る。

5 ❽編みひも1本を左マチの中央の縦ひも(写真)の裏に洗濯バサミでとめ、[前2目・後ろ1目]のとばし編みをする。

6 [前2目・後ろ1目]で編み進める。

Lesson 2
いろいろな編み方で作る

7

20段編む。ひもが足りなくなったら、縦ひもの裏で継ぎ足しながら（p.23 Point!）編む。編み終わりは、編み始め位置より長めにカットし、内側で始末する。

8 マチ中央の縦ひも

❾編みひも2本を、マチの縦ひもにそれぞれ通し、追いかけ編みを6周（12段）編む。

9

縦ひもが外側にカーブするように、口部分に向かって全体を外側に広げながら編む。

10

最終段の周囲が86cmぐらいになるように6周（12段）編んだら、内側で編みひもを始末する。

縁を始末する

11

縦ひもを最終段の編みひもを包む方向に折り、外側と内側の編み目にそれぞれ通す。ただし、編み終わりの始末をした位置の縦ひもは内側に折る。

12

縁かがりのバッグ（p.53）[24]～[40]と同様に、❿縁かがりひもで縁を1周編む。

13

縦ひもを4本とばして進め、縦ひもを3本戻りながら編み進めているところ。

14

縁かがりを1周したところ。

持ち手を作る

15

⓫持ち手ひも1本の中央に⓬持ち手補強ひもを7～8cm分貼り、残りの⓫を重ねて貼る。

16

三重にした持ち手を正面中央の縦ひもの内側に沿わせ、底まで差し込む。

17

カーブをつけながら⓫⓬のひもを貼り合わせ、反対側の縦ひも内側に差し込む。

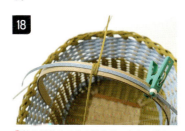

18

⓭持ち手飾りひもを持ち手の中心に揃えて重ねる。⓮持ち手巻きひもを軽く二つ折りにし、持ち手の中心で3巻きする。

19

⓮持ち手巻きひもを⓭持ち手飾りひもの下に2回、上に3回巻き、8模様作る。残りは隙間なく巻く。

20

根元まで巻いたら余分をカットし、ボンドをつけて巻きひもの間に差し込む。反対側も同様にする。

21

持ち手の根元にボンドを流し入れるようにつけ、内側の編み地につける。

16 菱出しバッグ

Photo p.42　Size W32×H23.5×D12cm(持ち手含まず)

材料
あみんぐテープ[10m巻]
…えんじ4巻

用具
12ページ参照

テープのカット幅と本数
① 縦ひも　6本どり…92cm×3本
② 底ひも　8本どり…25cm×2本
③ 縦ひも　6本どり…70cm×15本
④ 始末ひも　6本どり…4cm×2本
⑤ 編みひも　2本どり…650cm×2本
⑥ 差しひも　6本どり…32cm×8本
⑦ 編みひも　1本どり…100cm×24本(6本束×4つ)
⑧ 編みひも　3本どり…1000cm×4本、350cm×2本
⑨ 編みひも　1本どり…100cm×24本(6本束×4つ)
⑩ 編みひも　2本どり…270cm×3本
⑪ 縁ひも　12本どり…79cm×1本
⑫ 持ち手内ひも　8本どり…86cm×2本
⑬ 持ち手外ひも　8本どり…87cm×2本
⑭ 持ち手巻きひも　2本どり…460cm×2本

裁ち図

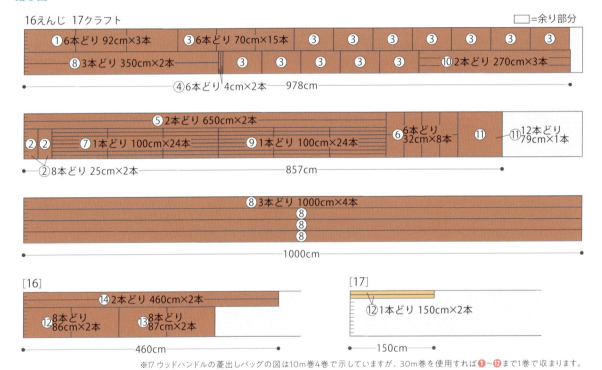

※17 ウッドハンドルの菱出しバッグの図は10m巻4巻で示していますが、30m巻を使用すれば①〜⑫まで1巻で収まります。

底を作る

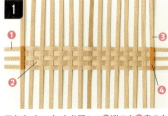

1　四角底(p.14)を参照し、①縦ひも②底ひも③縦ひも④始末ひもで底のベースを作る。

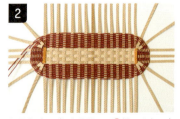

2　だ円底(p.28)を参照し、⑤編みひも2本で追いかけ編み(p.22)を5周(10段)編み、⑥差しひもを2本ずつ四隅に貼り、⑤で3周(6段)編む。編みひもを休める。

側面を編む

3　縦ひもと差しひも*をしっかり立ち上げる。
＊立ち上げたひもは、すべて縦ひもと呼ぶ。

Lesson 2
いろいろな編み方で作る

4
休ませた❺編みひもでねじり編み（p.24）を1段編む。

5
1段編んだら、余分のひもをカットし、内側で編みひもの裏に貼る。

6
矢羽編み（p.33）を1段編む。❼編みひも1本どりを6本の束にする。6本の先にボンドをつけて固める。

7
❼2束を左マチ中央の縦ひもに1本ずつずらして洗濯バサミでとめる。

8
ねじり編みを1段編む。下側に位置する束を縦ひもにかける。

9
1段編んだら、❼2束の編み終わり位置にボンドをつけて固め、始末する。

10
❼編みひもの残り2束を［7］と同様に縦ひもに洗濯バサミでとめ、逆ねじり編みをする。

11
上側に位置する束をもう1つの束の下を通して縦ひもにかける。ねじり編みの上に逆ねじり編みを編むと、矢羽模様ができる。

12
1段編んだら、矢羽模様がつながるよう編み始めのひもの下に通す。

13
［9］と同様にボンドをつけて固め、始末する。

14
矢羽模様ができたところ。

15
❾編みひも2本を、マチ側の縦ひもに1本ずつずらして写真のようにセットし、追いかけ編みを6周（12段）編む。

16
6周したところ。7周めからは、ダイヤ柄の模様が出るように編む。正面と後面の2面、または正面だけなどお好みで模様を出す。

17
8周めを編んでいるところ。ダイヤ柄は3段で1パターンとなる。［22］（p.66）を見ながら縦ひもをとばして模様を出していく。

18
左右は正面縦ひも13本分、高さは33段分の位置にダイヤ柄を作りながら編む。残りの11段は素編みにする。

❾編みひも1本どりを6本の束にする。[6]〜[13]と同様にねじり編みを1段、逆ねじり編みを1段編み、矢羽模様を作る。

❿編みひも3本を左マチの内側の編みひもに貼る。

3本縄編み（p.51）を3段編む。

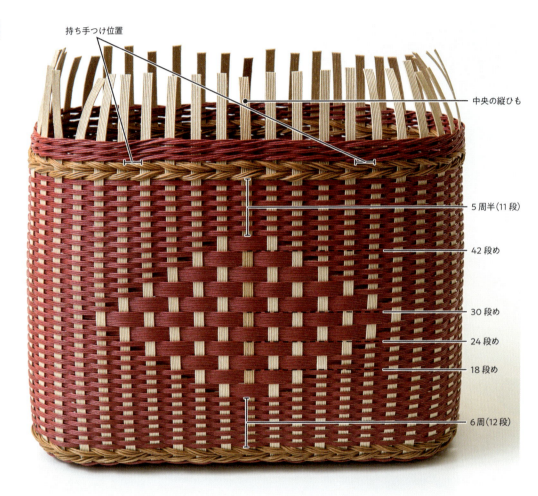

持ち手つけ位置
中央の縦ひも
5周半（11段）
42段め
30段め
24段め
18段め
6周（12段）

3段編んだら、余分をカットし、縦ひもの裏で最終段の編みひもに重ねて貼る。

縁を始末し、持ち手を作る

縦ひもをすべて内側に折って編み目に通す。⓫縁ひもを口の内側に貼る。マチ側から貼り始め、貼り終わりのひも端は1cm重ねる。

四重持ち手（p.30）を参照し、⓬持ち手内ひも⓭持ち手外ひも1本で持ち手を作る。縦ひも中央から左右4本めと5本めの間、3本縄編み3段下に通す。

四重持ち手（p.30）を参照し、⓮持ち手巻きひもで持ち手を巻く。反対側も⓬⓭⓮各1本で同様につける。

Lesson 2
いろいろな編み方で作る

17 ウッドハンドルの菱出しバッグ

Photo p.43　Size W32×H23.5×D12cm（持ち手含まず）

材料
あみんぐテープ[30m巻]
　…クラフト1巻
※10m巻の場合は4巻
木製持ち手・茶[01900]
　…1セット

用具
12ページ参照

裁ち図
16 菱出しバッグ（p.64）参照

テープのカット幅と本数
① 縦ひも　6本どり…92cm×3本
② 底ひも　8本どり…25cm×2本
③ 縦ひも　6本どり…70cm×15本
④ 始末ひも　6本どり…4cm×2本
⑤ 編みひも　2本どり…650cm×2本
⑥ 差しひも　6本どり…32cm×8本
⑦ 編みひも　1本どり…100cm×24本（6本束×4つ）
⑧ 編みひも　3本どり…1000cm×4本、350cm×2本
⑨ 編みひも　1本どり…100cm×24本（6本束×4つ）
⑩ 編みひも　2本どり…270cm×3本
⑪ 縁ひも　12本どり…79cm×1本
⑫ 持ち手つけひも　1本どり…150cm×2本

①～⑪のひもで菱出しバッグ（p.64）の［1］～［23］と同様に作る。

市販の木製持ち手を用意する。

⑫持ち手つけひも1本を軽く二つ折りにし、中心の縦ひもから5本めと6本めの間、矢羽の下の追いかけ編みひもを3段挟む位置に通す。

持ち手をバッグに当て、⑫持ち手つけひもを持ち手の上でクロスさせ、縦ひも1本を挟んで内側に通す。

内側で⑫持ち手つけひもをクロスさせてから外側に出し、［4］と同様にクロスさせ、持ち手をとめる。

内側から見たところ。

クロス模様を11個作って持ち手をとめたところ。

⑫持ち手つけひもを固結びし、結び目にボンドをつける。

余分なひもをカットする。反対側も同様に⑫持ち手つけひもで持ち手をつける。

18 よろい編みのバッグ

Photo p.44　Size W23×H13×D11cm(持ち手含まず)

材料

●つゆ草
あみんぐテープ[10m巻]
　…白2巻、つゆ草1巻
●えんじ
あみんぐテープ[10m巻]
　…グレー2巻、えんじ1巻

用具

12ページ参照

テープのカット幅と本数

① 縦ひも　6本どり…68cm×3本
② 底ひも　8本どり…18cm×4本
③ 縦ひも　6本どり…56cm×9本
④ 始末ひも　6本どり…6cm×2本
⑤ 編みひも　2本どり…280cm×2本
⑥ 差しひも　6本どり…25cm×8本
⑦ 編みひも　2本どり…90cm×3本
⑧ 編みひも　つゆ草（えんじ）／4本どり…700cm×3本
⑨ 編みひも　2本どり…540cm×3本
⑩ 縁ひも　12本どり…65cm×1本
⑪ 持ち手内ひも　8本どり…54cm×2本
⑫ 持ち手外ひも　8本どり…55cm×2本
⑬ 持ち手巻きひも　2本どり…310cm×2本

※指定以外はすべて白（グレー）

裁ち図

白（グレー）

②8本どり 18cm×4本　③6本どり 56cm×9本　⑥6本どり 25cm×8本　①6本どり 68cm×3本　⑩12本どり 65cm×1本　⑪8本どり 54cm×2本　⑫8本どり 55cm×2本　⑤2本どり 280cm×2本　⑦2本どり 90cm×3本　④6本どり 6cm×2本　905cm　□=余り部分

⑨2本どり 540cm×3本
⑬2本どり 310cm×2本
540cm

つゆ草（えんじ）
⑧4本どり 700cm×3本
700cm

底を作る

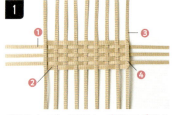

1 だ円底(p.28)を参照し、①縦ひも❷底ひも❸縦ひも❹始末ひもで底のベースを作る。

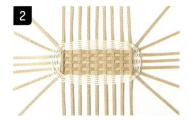

2 だ円底(p.28)を参照し、❺編みひも2本で追いかけ編み(p.22)を3周(6段)編み、ひもを休めて❻差しひもを2本ずつ四隅に貼り、2周(4段)編む。編みひもは始末する。

3 縦ひもと差しひも*をゆるく立ち上げる。❼編みひも3本で3本縄編み(p.51)を1段編む。編みひもは始末する。
＊立ち上げたひもは、すべて縦ひもと呼ぶ。

Lesson 2
いろいろな編み方で作る

側面を編む [よろい編み]

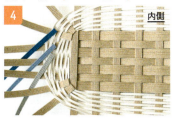

❽ 編みひも3本（**a**、**b**、**c**）を左マチ中央の縦ひもの裏に1本ずつずらして貼る。

外側を見ながら編む。

一番上のひも（**a**）を編みひもの真ん中に持ってくる。真ん中に持ってきた**a**を縦ひもを2本とばして3本めにかける。

一番上にあるひも（**b**）を真ん中に持ってきて、縦ひもを2本とばして3本めにかける。

下にあるひも（**c**）を真ん中に持ってきて、縦ひもを2本とばして3本めにかける。

上のひもを編んだら、下のひもを編むというように交互に2本とばしをする。2本とばしをした真ん中のひもは常に縦ひもの裏になり、上下のひもは縦ひもの表に出る。

1段編んだところ。よろい編みは3本で1段と数える。

10段編む。

❽ 編みひもの余分をカットし、縦ひもを1本ずつずらして編みひもの上に貼る。

縁を始末し、持ち手を作る

❾ 編みひも3本を左マチの縦ひもの裏、編みひもの上に貼り、3本縄編みを8段編む。

8段編んだら、余分をカットし裏側にとめる。

縦ひもを内側に折り、編み目に通す。

❿ 縁ひもを口の内側に1周貼る。貼り終わりは重ねる。

四重持ち手（p.30）を参照し、**⓫**持ち手内ひも**⓬**持ち手外ひも1本で持ち手を作る。縦ひも中央から左右3本めと4本めの間、縁から3段下に通す。

四重持ち手（p.30）を参照し、**⓭**持ち手巻きひもで持ち手を巻く。反対側も**⓫⓬⓭**各1本で同様につける。好みでコサージュ（材料外・p.107）を作り、バッグにつける。

69

19 交差編みのバッグ

Photo p.45　Size W23×H17×D10cm（持ち手含まず）

材料
あみんぐテープ[10m巻]
…モスグリーン2巻、グレー1巻

用具
12ページ参照

テープのカット幅と本数
- ❶ 縦ひも　6本どり…72cm×3本
- ❷ 底ひも　8本どり…18cm×4本
- ❸ 縦ひも　6本どり…60cm×9本
- ❹ 始末ひも　6本どり…6cm×2本
- ❺ 編みひも　2本どり…280cm×2本
- ❻ 差しひも　6本どり…28cm×8本
- ❼ 編みひも　3本どり…420cm×2本
- ❽ 編みひも　6本どり…330cm×2本
- ❾ 編みひも　グレー／1本どり…350cm×4本
- ❿ 編みひも　グレー／3本どり…360cm×2本
- ⓫ 縁飾りひも　3本どり…70cm×1本
- ⓬ 縁ひも　グレー／12本どり…70cm×1本
- ⓭ 持ち手内ひも　グレー／8本どり…49cm×2本
- ⓮ 持ち手外ひも　グレー／8本どり…50cm×2本
- ⓯ 持ち手飾りひも　3本どり…20cm×2本
- ⓰ 持ち手巻きひも　グレー／2本どり…250cm×2本

※指定以外はすべてモスグリーン

裁ち図

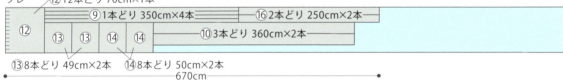

底を作る

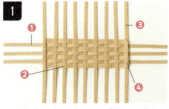

1 だ円底（p.28）を参照し、❶縦ひも❷底ひも❸縦ひも❹始末ひもで底のベースを作る。

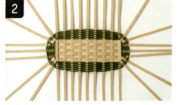

2 だ円底（p.28）を参照し、❺編みひも2本で追いかけ編み（p.22）を3周（6段）編み、ひもを休めて❻差しひもを2本ずつ四隅に貼り、2周（4段）編む。編みひもは始末する。

3 縦ひもと差しひも*をゆるく立ち上げる。
＊立ち上げたひもは、すべて縦ひもと呼ぶ。

Lesson 2
いろいろな編み方で作る

側面を編む

4

❼編みひも2本を❺編みひもの編み終わりに続けるように貼り、追いかけ編みを6周(12段)編む。

5

6周(12段)編んだら、余分のひもをカットし、内側で始末する。

交差編み

6

❽編みひも1本と❾編みひも2本で交差編みをする。❽を❼の編み終わりに続けるように洗濯バサミでとめ、左マチ中央の縦ひもの裏に❾2本を❽を挟むようにして貼る。

7

内側から見たところ。

8

❽編みひもが縦ひもの裏にあるとき、❾編みひもを縦ひもの前で交差させ、❽が縦ひもの表にあるとき、❾は縦ひもの裏に渡して表に出す。これを繰り返して編み進める。

9

半周編み進めたら、❽❾編みひもを休ませる。残りの❽編みひも1本と❾編みひも2本を[6]と同様に右マチの縦ひもの裏にとめる。

10

[8]と同様に交差編みで1周編む。前段とはクロスが互い違いになる。1周編んだら休め、もう一方で1周編む。4周半ずつ(9段)編む。

11

4周半ずつ(9段)編み、それぞれマチの左右で編み終わる。内側で❽❾編みひもを始末する。

12

段差がなだらかになるように、❽編みひもは編み始め位置の縦ひもより長めにカットし、内側で編みひもの裏に貼る。❾編みひもは編み始め位置の縦ひもの裏に貼る。

13

❿編みひも2本をマチ側の縦ひもに1本ずつずらしてセットし、前段の❽と互い違いになるように追いかけ編みを5周(10段)編む。

14

5周(10段)編んだら余分をカットし、内側で編みひもを始末する。

縁を始末する

15

縦ひもを最上段の編みひもを包む方向に折る。ただし、編みひもの始末をした位置の縦ひもは内側に折る。折った縦ひもを表と裏でそれぞれ編み目に通し、始末する。

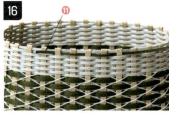

16

⓫縁飾りひもを外の縁に1周通す。外側に折って始末した縦ひもに通す。

17

1周したら余分をカットし、ボンドをつけて縦ひもに隠れるように通す。

18

⓬縁ひもを口の内側に1周貼る。貼り終わりは1cm重ねる。

持ち手を作る

19 四重持ち手（p.30）を参照し、⑬持ち手内ひも⑭持ち手外ひも１本で持ち手を作る。縦ひも中央から左右３本めと４本めの間、縁から３段下に通す。

20 ⑮持ち手飾りひもを持ち手の中心に揃えて重ねる。⑯持ち手巻きひもを軽く二つ折りにし、持ち手の中心の裏に⑯の中心を当てる。

21 ⑯持ち手巻きひもを⑮持ち手飾りひもの上と下に交互に巻き、10模様作る。

22 10模様作ったら、残りは模様を入れずに隙間なく巻く。巻き終わりはボンドをつけて巻きひもの間に差し込み、余分をカットする。反対側も同様に巻く。

23 反対側も⑬〜⑯各１本で[19]〜[22]と同様につける。

24 好みでコサージュ（材料外）を作り、バッグにつける。

コサージュの作り方

用意するテープ
モスグリーン32cm、
グレー7.3cm

❶花びら外　モスグリーン／３本どり…16cm×２本
❷花びら外裏　グレー／２本どり…7.3cm×４本
❸花びら内　モスグリーン／３本どり…6cm×４本
❹茎　モスグリーン／３本どり…8cm×１本
❺花芯　モスグリーン／６本どり…0.8cm×１本
❻花芯　グレー／２本どり…0.3cm×１本
❼つけひも　モスグリーン／１本どり…30cm×１本

1. ①花びら外の両端を曲げ、中央でボンドで貼る。

2. ②花びら外裏を内側に沿って貼る。高さを裏側に揃える。

3. ③花びら内はしずく形に作り、中央と両端を内側に貼る。同じものを２つ作る。

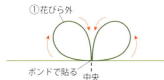

4. ２つを貼り合わせる。

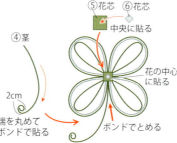

5. ④茎の先2cmを丸めてボンドで貼る。⑤⑥花芯を貼り合わせ、図のように花の中心にボンドで貼る。

6. ⑦つけひもを花びらの１枚に通し、ひと結びし、バッグに結ぶ。

Lesson 3
組んで作る

ここでは、あじろや六つ目、鉄線といった
蔓や竹細工の民芸品によく使われている技法を紙バンドに応用し、
「組んで作る」として紹介しています。
12本どりやワイドテープで市松に組む作品は
北欧風スタイルのかごとしても人気です。
Lesson 2と比べて難易度が高いわけではありません。

紹介するテクニック

【組み方・編み方】

市松組み　　　　　　p.87

市松組み（十字）　　p.88

市松組み（井桁）　　p.90

あじろ組み（2本あじろ）　p.95

あじろ組み（十字）　p.99

六つ目組み　　　　　p.103

六つ目華編み　　　　p.104

鉄線組み　　　　　　p.108

※あじろ組みや六つ目組み、鉄線組みなどは他の本で「あじろ編み」などと紹介されていることもありますが、基本的には同様の作り方です。

20
北欧風のふた付きバスケット

組みひもを縦横に市松に組むだけなので
初心者さんにもおすすめの作品です。
幅広のあみんぐテープワイドを使って白樺細工風のイメージに。

How to make ・ **p.86**

Lesson 3
組んで作る

21

北欧風文箱

シンプルで使い勝手のよいお道具箱は
デスク周りのこまごましたものや裁縫道具を収納するのにぴったり。
B6判の封筒やノートが入るサイズです。
縁部分に始末ひもを使わず、底を作った組みひものみで仕上げます。

How to make・p.88

22
北欧風のかご&トレイ

キューブが連なったジグザグの縁が印象的。
パンかごや菓子器など食卓でも活躍しそう。
75ページの北欧風文箱とは組み始めが違いますが、
側面の組み方は同じです。

How to make・p.90

a

b

Lesson 3
組んで作る

23
ワイドバスケット

あみんぐテープワイドを使っているので
市松組みの作品の中では一番大きなサイズですが
組みひもの数は少なく、かごを組むまでは比較的簡単です。
可動式の持ち手は左右に平らに倒れるので、
場所を取らずに棚収納にも便利。

How to make・p.93

77

24
千鳥格子のバッグ

2本あじろの技法で作る千鳥格子。
シックな装いにぴったりな配色で作りました。
色の組み合わせ次第で雰囲気がガラリと変わるのもこのデザインの特徴です。
お好みの色でどうぞ。

How to make ・ p.95

Lesson 3
組んで作る

25

3色千鳥のバッグ

24のバッグと同じ2本あじろの技法で作りますが、
ひも幅を2倍の12本どりにして3色使いをすると
グッとモダンな印象に。
組む本数が半分で済むので、制作時間も短縮されます。

How to make・p.98

26
あじろのバスケット

斜めに組まれたあじろが美しいバスケット。
飾りながら収納できるのはもちろん
棚収納にもちょうどいいサイズです。
組みひもの立ち上げ方や側面の組み方は 21〜23 の作品と同様です。

How to make・p.99

Lesson **3**
組んで作る

27

あじろのティッシュBOX

26のバスケットにふたをつければ、
ティッシュ箱のケースとして使えます。
どんなインテリアにもなじむ人気のデザインです。

How to make・p.101

28
六つ目のバッグ

6本のひもを互い違いに組んで正六角形の目を作ります。
シンプルな「六つ目」のバッグは
カジュアルにも和装にも似合います。

How to make • p.102

Lesson **3**
組んで作る

29
六つ目華編みのバッグ

六つ目のベースに差しひもを通して、六角形の中に華模様を作る技法です。
凝ったつくりが人目を惹くこと間違いなし。
ひもをたくさん差し入れるので、丈夫な仕上がりになります。

How to make ・ p.104

30

鉄線組みのかご

鉄線組みは2色使いをすると、花の文様が浮かび上がります。
かごの底面に浮かぶ鉄線は、2色の配分によって
サクラ色（写真奥）と白木色（写真手前）と変わります。

How to make・p.108

31

ワンハンドルの鉄線かご

30のかごに持ち手をつけたデザインです。
単色で作ると、凛とした菱形模様が際立ちます。
単色は2色に比べて組みづらいので、難易度は少し高めです。

How to make ・ **p.111**

Lesson **3**
組んで作る

20 北欧風のふた付きバスケット

Photo p.74　Size W21×H11×D12cm

材料
あみんぐテープワイド[10m巻]…クラフト1巻

用具
12ページ参照

テープのカット幅と本数

本体
1. 底組みひも　24本どり…42cm×4本
2. 底組みひも　24本どり…32cm×7本
3. 側面組みひも　24本どり…71cm×3本
4. 縁外ひも　12本どり…70cm×1本
5. 縁始末ひも　2本どり…70cm×1本
6. 縁内ひも　12本どり…69cm×1本
7. 持ち手ひも　1本どり…25cm×12本

ふた
8. 組みひも　24本どり…22cm×4本
9. 組みひも　24本どり…13cm×7本
10. 縁ひも　18本どり…22cm×2本
11. 縁ひも　18本どり…14cm×2本
12. つけひも　1本どり…30cm×2本

飾り
1. ボタンひも　2本どり…50cm×1本
2. つけひも　2本どり…40cm×1本
3. 縁ひも　2本どり…9cm×1本
4. とめひも　2本どり…2.5cm×1本
5. 模様ひも　4本どり…1cm×6本

※飾りの❶〜❺は材料外。好みの色で作る。

裁ち図

□=余り部分

ワイド・クラフト

①24本どり 42cm×4本 ／ ②24本どり 32cm×7本 ／ ③24本どり 71cm×3本 ／ ⑧24本どり 22cm×4本 ／ ⑨24本どり 13cm×7本 ／ ④12本どり 70cm×1本 ／ ⑩18本どり 22cm×2本 ／ ⑪18本どり 14cm×2本 ／ ⑥12本どり 69cm×1本 ／ ⑫1本どり 30cm×2本 ／ ⑤2本どり 70cm×1本 ／ ⑦1本どり 25cm×12本

951cm

※⑦は12本どり25cm1本にカットし、1本どり12本に裂く。
※飾りの❶〜❺ひもは入っていません。

本体を作る

1 ❶底組みひも2本の中心に印をつけ、2本どり分の隙間をあけて横に並べる。❷底組みひも1本を❶の中心になるようにし、写真のように差し入れる。

2 残りの❶底組みひも2本を[1]の上下に目が交互に出るように入れる。2本どり分の隙間をあける。

3 残りの❷底組みひも6本を[2]の左右に3本ずつ目が交互に出るように入れる。

4 底組みひもを立ち上げる。

5 ❸側面組みひも1本を左マチの縦ひもの裏に洗濯バサミでとめ、素編みを1段編み、ひも端を重ねてボンドで貼る。

Point!　ひも端

ひも端の位置がそれぞれ縦ひもに隠れるように調整する。

Lesson **3**
組んで作る

残りの❸側面組みひもで同様に素編みし、3段編む。ひも端の貼り合わせ位置は前段とずらす。

形を整えたら、3段めの❸側面組みひもを縦ひも❶❷と貼り合わせる。組みひもを最終段から1cm残してカットする。

ミニかご[15]〜[19](p.15)を参照し、❹縁外ひも❺縁始末ひも❻縁内ひも各1本で縁の始末をする。

❼持ち手ひも6本をまとめて端を結ぶ。本体のマチ内側から通し、3本ずつの束に分けてそれぞれねじり、ねじった束をさらに8cm分ねじる。

ねじった❼持ち手ひもを組みひも2本分とばした位置に差し入れ、内側で端を結ぶ。結び目にボンドをつけて余分をカットする。もう一方も同様に❼6本で持ち手を作る。

ふたを作る

[1]〜[3]と同様に❽❾組みひもを組む。ゆがまないように形を整え、❽❾の端をボンドで貼り合わせる。

❿縁ひも1本を半分幅に折り、ボンドをつけて長辺を包むように貼る。

残りの❿縁ひも1本を同様に貼り、⓫縁ひも2本も同様にボンドをつけて短辺を包むように貼る。❿との重なり(角の部分)を斜めにカットする。

ひも端を斜めにカットして⓫を貼ったところ。

⓬つけひも2本をそれぞれ❿縁ひもの下に通し、固結びをする。

ふたにつけた⓬つけひもを本体の❹縁外ひもの下に通す。内側で固結びをし、結び目にボンドをつけて余分をカットする。

飾りを作る

❶ボタンひもを巻いてクセをつけておき、❶の端にボンドをつけ、二つ折りにした❷つけひもで挟む。

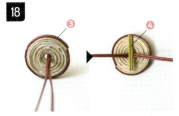

❶ボタンひもを巻いてボンドでとめ、❸縁ひもを貼る。裏側全体にボンドを薄く塗って固め、❹とめひもを中央に貼る。

❺模様ひも6本を花びらの形にカットし、表側に貼る。❷つけひもで本体の好きな位置につける。

市松組み

21 北欧風文箱

Photo p.75　Size 本体　W20×H6×D13.5cm、ふた　W21×H4.5×D14cm

材料
●クラフト
あみんぐテープ[30m巻]
…クラフト1巻
●白
あみんぐテープ[30m巻]
…白1巻

用具
12ページ参照

テープのカット幅と本数

本体
- ❶組みひも　11本どり…48.5cm×6本
- ❷組みひも　11本どり…47cm×4本
- ❸組みひも　11本どり…44cm×4本
- ❹組みひも　11本どり…41cm×4本
- ❺組みひも　11本どり…38cm×4本
- ❻組みひも　11本どり…35cm×4本
- ❼組みひも　11本どり…32cm×4本

ふた
- ❶組みひも　12本どり…53.5cm×6本
- ❷組みひも　12本どり…52cm×4本
- ❸組みひも　12本どり…49cm×4本
- ❹組みひも　12本どり…46cm×4本
- ❺組みひも　12本どり…43cm×4本
- ❻組みひも　12本どり…40cm×4本
- ❼組みひも　12本どり…37cm×4本

●本体で作り方を説明します。

底面を組む

1

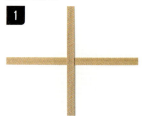

❶組みひも2本を中心で十字に組む。縦方向のひもを上にし、ボンドで貼る。3セット作る。

2

中央の十字1セットの左上、右下にそれぞれ十字を目が交互になるように組む。

3

❷組みひも4本を[2]の上下左右に組む。❶の長いひも端とひも端を揃えて組む。ひもの間が約2mmあくように組む。

4

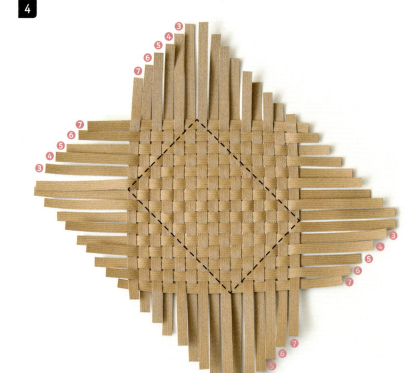

❸～❼組みひもを上下左右にひも端から1.5cmずつ控えた位置に組む。❶と❷のひもの間を結んだ面が底面となる。

Lesson 3 組んで作る

側面を組む

5 四つ角を洗濯バサミでとめ、底面のラインに定規を当て、組みひもを立ち上げる。

6 北欧風のかご［6］〜［9］（p.90）を参照し、側面を組む。底の角になるひも（❶❷組みひも）を交差させ、洗濯バサミでとめる。

7 斜めに組みひもを組む。菱形の目を3目（3段）組んだところ。

ふた ふたの場合は2目（2段）組む。

縁を始末する

8 左上方向のひもがすべて外側になるように目を外す。

9 左上方向のひもを90度折り、左下方向に3目分差し込む。3目より長い余分はカットする。

10 差し込んだところ。同様に1周始末する。

11 1周始末したところ。

12 残りの右上方向のひもを90度折り、右下方向に3目分差し込む。3目より長い余分はカットする。

13 1周始末したところ。本体のできあがり。

ふた ふたも同様に始末したところ。

> **memo**
>
> 本体とふたは組みひもの幅を変えて作っていますが、キツめのふたが好みであれば、ふたを本体と同じひも幅で作ってもよいでしょう。その際、本体はできるだけ詰めて組むようにしてください。

市松組み（十字）

22  北欧風のかご&トレイ

Photo p.76　Size かご…W14×H7.5cm　トレイ…W16×H3.5cm

材料

a かご
あみんぐテープ[10m巻]
　…白木2巻
b トレイ
あみんぐテープ[10m巻]
　…柿渋2巻

用具
12ページ参照

テープのカット幅と本数

	かご	トレイ
❶組みひも	58cm×4本	52cm×4本
❷組みひも	55cm×4本	49cm×4本
❸組みひも	52cm×4本	46cm×4本
❹組みひも	49cm×4本	43cm×4本
❺組みひも	46cm×4本	40cm×4本
❻組みひも	43cm×4本	37cm×4本
❼組みひも	なし	34cm×4本
❽縁始末ひも	83cm×1本	97cm×1本

※すべて12本どり

●aかごで作り方を説明します。

底面を組む

1

❶組みひも4本の中心に印をつけ、中央で井桁に組む。井桁の左上は縦方向のひもを上にする。

2

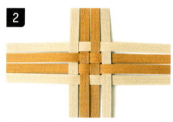

❷組みひも4本を[1]の上下左右に1本ずつ編み目が交互になるように組む。中央合わせで組み(または❶のひも端から1.5cmずつ控えた位置に組む)、ひもの間が約2mmあくようにする。

3

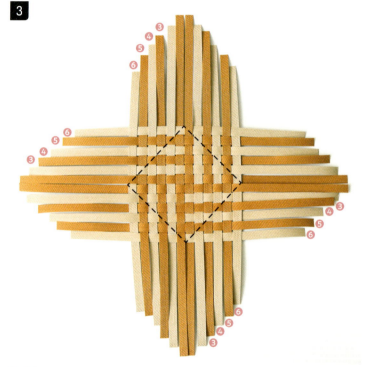

❸~❻組みひもも同様に組む。トレイも同様に❸~❼組みひもを組む(p.92)。❶と❶のひもの間を結んだ面が底面となる。

側面を組む

4

四つ角を洗濯バサミでとめ、底面のラインに定規を当て、組みひもを立ち上げる。

5

底面のラインに沿って組みひもを立ち上げたところ。

6

底の角になるひも(❶組みひも)を交差させ、洗濯バサミでとめる。

Lesson 3
組んで作る

この交差はNG。底面から組んだ目が交互になるように交差させること。

同様に4つの角を交差させ、洗濯バサミでとめる。

角で組んだひもを斜めに菱形の目を3目（3段）組む。

角以外のひもも同様に斜めに組み、1つの角を組み上げたところ。

同様に側面をすべて組む。霧吹きで軽く水をかけ、形を整える。
※水をかけると色落ちする場合があるので、余りひもで試してから行う。

トレイ

トレイの場合は1.5目（1.5段）組む。

市松組み（井桁）

縁を始末する

下から3段めのところで、左上方向の編みひもを右下に外側へ折る。→ A

1周折ったところ。

次に右上方向の編みひもを左下に折り曲げ、Aの上に重ねる。→ B

1周折ったところ。

❽縁始末ひもを1.7cmごとに山折り谷折りに曲げる。

❽縁始末ひもを縁に沿わせる。洗濯バサミで挟み、軽く固定する。まず、Bの下に❽を入れ、Aの上、Bの下になるように1周する。

❽縁始末ひもを1周通したら、余分をカットし、Bの裏で隠れるように両端を重ねて貼る。

Aを内側に折り、❽縁始末ひもを落ち着かせる。

内側に折ったAを戻し、❽縁始末ひもの裏にボンドをつけ、Aと貼り合わせる。ボンドが接着するようAを内側に折る。❽の表にボンドをつけ、Bと貼り合わせる。

1周貼ったところ。

Bを左下4目めに差し込む。長い場合は余分をカットする。

左下4目めに差し込んだところ。同様に1周Bを始末する。

Bを始末したら、Aを右下3目めに差し込む。

右下3目めに差し込んだところ。同様に1周始末する。

できあがり。

トレイ

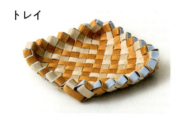

トレイも同様に縁を始末する。できあがり。

トレイの底面

かごの [1] 〜 [3] と同様に ①〜⑦ 組みひもを組む。

23 ワイドバスケットの裁ち図

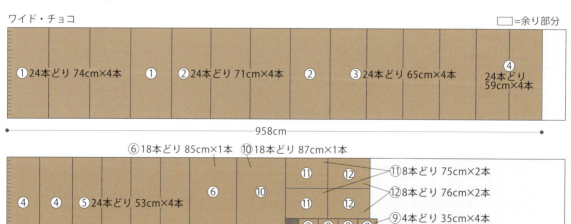

Lesson 3
組んで作る

23  ワイドバスケット

Photo p.77 Size W25×H13×D17cm

材料
あみんぐテープワイド[10m巻]チョコ2巻

用具
12ページ参照

テープのカット幅と本数
1. 組みひも 24本どり…74cm×4本
2. 組みひも 24本どり…71cm×4本
3. 組みひも 24本どり…65cm×4本
4. 組みひも 24本どり…59cm×4本
5. 組みひも 24本どり…53cm×4本
6. 縁内ひも 18本どり…85cm×1本
7. 持ち手通しひも 2本どり…6cm×12本
8. 縁始末ひも 4本どり…2cm×12本
9. 縁始末ひも 4本どり…35cm×4本
10. 縁外ひも 18本どり…87cm×1本
11. 持ち手内ひも 8本どり…75cm×2本
12. 持ち手外ひも 8本どり…76cm×2本
13. 持ち手巻きひも 2本どり…450cm×2本

市松組み(十字)

底面を編む

① 組みひも2本を中心で十字に組む。縦方向のひもを上にし、ボンドで貼る。その右下エリアに残りの❶2本も同様に十字にして組む。

❷ 組みひも4本を[1]の上下左右に組む。❶の長いひも端とひも端を揃えて組む。ひもの間が約2mmあくようにする。

❸ 組みひも4本を[2]の上下左右に、3cmずつ控えて組む。

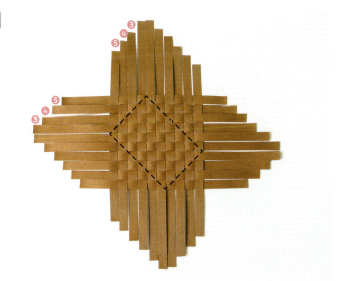

❹❺ 組みひもも同様に3cmずつ控えて組む。❶と❷のひもの間を結んだ面が底面となる。

側面を編む

底面のラインに定規を当て、組みひもを立ち上げる。

底の角になるひも(❶❷組みひも)を交差させ、洗濯バサミでとめ、斜めに組みひもを組む。

四重持ち手

菱形の編み目を3目（3段）組んだところ。

同様に側面をすべて組む。

霧吹きで軽く水をかけ、形を整える。
※水をかけると色落ちする場合があるので、余りひもで試してから行う。

縁を始末し、持ち手を作る

左上方向のひもがすべて外側になるように目を外す。

組みひもを2.5段の位置でカットする。カット位置にマスキングテープを貼ってからカットするとよい。

❻縁内ひもを口の内側に縁から5本どり分を出して1周貼る。短辺の中央から貼り始め、貼り終わりのひも端は重ねる。

❼持ち手通しひも3本を貼り合わせてUの字に曲げる。U字の幅は2cmにする。

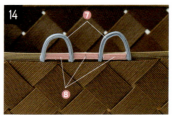
❽縁始末ひも2本を重ね、長辺中央に中心揃えで貼る。U字にした❼、❽4本（2本ずつ重ねる）を隙間なく貼る。反対側も同様に貼る。

❾縁始末ひも2本をU字にした❼と突き合わせになるように❻に重ねて貼る。

残りの❾縁始末ひも2本を[15]の上に重ねて貼る。

❿縁外ひもを❻❽❾に揃えて1周貼る。貼り終わりのひも端は重ねる。

四重持ち手（p.30）を参照し、⓫持ち手内ひも⓬持ち手外ひも1本ずつで持ち手を作る。

ボンドで貼り合わせながら、かごの縁に沿わせて形を整える。

四重持ち手（p.30）を参照し、⓭持ち手巻きひもで持ち手を巻く。反対側も同様に巻く。

Lesson 3 組んで作る

24 千鳥格子のバッグ

Photo p.78　Size W24×H25.5×D12cm（持ち手含まず）

材料
あみんぐテープ［10m巻］
　…渋紺3巻、グレー2巻

用具
12ページ参照

テープのカット幅と本数

❶ 組みひも　Aグレー／6本どり…82cm×8本
　　　　　　B渋紺／6本どり…82cm×8本
❷ 組みひも　Aグレー／6本どり…70cm×16本
　　　　　　B渋紺／6本どり…70cm×16本
❸ 側面組みひも　Aグレー／6本どり…74cm×16本
　　　　　　　　B渋紺／6本どり…74cm×16本
❹ 補強ひも　グレー／6本どり…6cm×4本
❺ 縁外ひも　渋紺／12本どり…75cm×1本
❻ 縁始末ひも　渋紺／2本どり…75cm×1本
❼ 縁内ひも　渋紺／12本どり…73cm×1本
❽ 持ち手内ひも　渋紺／8本どり…80cm×2本
❾ 持ち手外ひも　渋紺／8本どり…81cm×2本
❿ 持ち手巻きひも　渋紺／2本どり…460cm×2本

裁ち図

グレー　　　　　　　　　　　　　　　　　　　　　　□=余り部分

（裁ち図：①6本どり 82cm×8本、②6本どり 70cm×16本、③6本どり 74cm×16本、④6本どり 6cm×4本／974cm、518cm）

渋紺

（裁ち図：①6本どり 82cm×8本、②6本どり 70cm×16本、③6本どり 74cm×16本、⑥2本どり 75cm×1本、⑧8本どり 80cm×2本、⑨8本どり 81cm×2本、⑩2本どり 460cm×2本／962cm、978cm）

⑤12本どり 75cm×1本
⑦12本どり 73cm×1本
148cm

底面を組む　あじろ組み

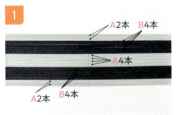

1 組みひもAB各8本の中心に印をつけ、上からA2本B4本A4本B4本A2本の順に横に並べる。

2 組みひも32本の中心に印をつける。A1本を［1］の中心線の左側に差し入れる。このとき、［1］の中心2本の上に❷Aが表に出るようにし、2本ずつ表と裏に出るように組む。

3 ❷組みひもA1本を［2］の左側に差し入れる。先に入れた❷Aの編み目と横のひも（❶）1本ずらし、ひもが2本ずつ表と裏に出るように組む。このように2本とばしで組むことを「2本あじろ」という。

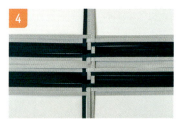
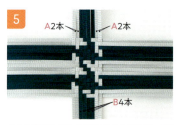

❷組みひもB1本を2本あじろで組む。

さらに❷組みひもを2本あじろで組む。A2本B4本A2本を、2本あじろで組んだところ。横のひも8×縦のひも8本でひと模様になる。

[2]〜[5]を繰り返し、底の左半分を組んだところ。

残りの❷組みひもABで2本あじろを組み、底面ができたところ。

側面を組む

❶❷組みひもを立ち上げる。

❸側面組みひもA1本で側面を2本あじろで1段組む。左端から3本めの縦ひもの裏に❸Aをとめ、5、6本めの表に出るように組み始める。

ひも端を重ねてボンドで貼る。重なり（のり代）を測る。

残りの❸側面組みひもABを同じのり代寸法で輪にする。

輪にした❸側面組みひもをA2本B4本A2本の順に2本あじろに組む。8段編んで千鳥の柄が出たところ。計32段組む。

Lesson 3
組んで作る

13

持ち手つけ位置

32段組んだところ。霧吹きで軽く水をかけ、マチに角をつけ、形を整える。角から縦の組みひも6、7本めが持ち手をつける位置になる。
※水をかけると色落ちする場合があるので、余りひもで試してから行う。

縁を始末する

14

[13]の持ち手つけ位置を参照して④補強ひも各1本を渡し、持ち手つけ位置の組みひも2本を内側に折り、④を包むようにしてあじろの目に通し、始末する。

15

④補強ひも4本をそれぞれ持ち手つけ位置に渡して、組みひもで固定したところ。

16

残りの組みひもを最上段の編みひもから1cm残してカットする。

17

⑤縁外ひもを最終段の組みひもに沿って1周貼る。持ち手つけ位置から貼り始め、ひも端は重ねて貼る。

18

⑥縁始末ひもを⑤縁外ひもの内側上端に1周貼る。⑤の端と突き合わせになるように貼り始め、ひも端は重ねず、余分をカットする。

19

⑦縁内ひもを⑤⑥のひもの上端に合わせて、内側に1周貼る。⑥の端と突き合わせになるように貼り、貼り終わりのひも端は重ねる。

持ち手を作る

20

四重持ち手（p.30）を参照し、⑧持ち手内ひも⑨持ち手外ひも各1本で持ち手を作る。

21

四重持ち手（p.30）を参照し、⑩持ち手巻きひもで持ち手を巻く。反対側も⑧⑨⑩各1本で同様につける。

25 3色千鳥のバッグ

Photo **p.79**　Size **W24×H25.5×D12cm**（持ち手含まず）

材料
あみんぐテープ[10m巻]
…渋紺3巻、白1巻、グレー1巻

用具
12ページ参照

テープのカット幅と本数

❶組みひも　A白／12本どり…82cm×2本
　　　　　　Bグレー／12本どり…82cm×2本
　　　　　　C渋紺／12本どり…82cm×4本
❷組みひも　A白／12本どり…70cm×4本
　　　　　　Bグレー／12本どり…70cm×4本
　　　　　　C渋紺／12本どり…70cm×8本
❸側面組みひも　A白／12本どり…75cm×4本
　　　　　　　　Bグレー／12本どり…75cm×4本
　　　　　　　　C渋紺／12本どり…75cm×8本
❹補強ひも　白／12本どり…11cm×4本
❺縁外ひも　渋紺／12本どり…75cm×1本
❻縁始末ひも　渋紺／2本どり…75cm×1本
❼縁内ひも　渋紺／12本どり…73cm×1本
❽持ち手内ひも　渋紺／8本どり…80cm×2本
❾持ち手外ひも　渋紺／8本どり…81cm×2本
❿持ち手巻きひも　渋紺／2本どり…460cm×2本

裁ち図

※千鳥格子のバッグ（p.95）の作り方を参照し、同様に作る。

1
❶組みひもABC8本の中心に印をつけ、上からA1本 B1本 C4本 B1本 A1本の順に横に並べる。❷組みひもABC16本の中心に印をつけ、❶の中心左半分、右半分をそれぞれA1本 B1本 C4本 B1本 A1本の順に2本あじろで組む。

2
千鳥格子のバッグ[8]〜[21]（p.96）を参照し、❸側面組みひもを輪にして16段（下からA1本 B1本 C4本 B1本 A1本の順）2本あじろに組む。❹〜❼のひもで縁を始末し、❽〜❿のひもで角から縦の組みひも3本めの位置で持ち手を作る。

Lesson 3
組んで作る

26 あじろのバスケット

Photo p.80　Size W26.5×H10×D14cm

材料
あみんぐテープ[10m巻]
　…アクアブルー2巻

用具
12ページ参照

テープのカット幅と本数
❶ 組みひも…49.5cm×12本
❷ 組みひも…48cm×4本
❸ 組みひも…45cm×4本
❹ 組みひも…42cm×4本
❺ 組みひも…39cm×4本
❻ 組みひも…36cm×4本
❼ 組みひも…33cm×4本
❽ 組みひも…30cm×4本
❾ 縁外ひも…84cm×1本
❿ 縁始末ひも 2本どり…84cm×2本
⓫ 縁内ひも…82cm×1本
⓬ 持ち手ひも…15cm×4本
※指定以外はすべて12本どり

あじろ組み（十字）

裁ち図

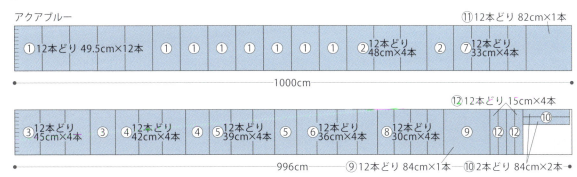

底面を組む

1

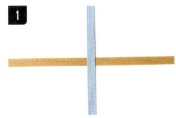

❶組みひも12本の中心に印をつけ、2本を中心で十字に組む。縦方向のひもを上にし、ボンドで貼る。6セット作る。

2

[1]の右下エリアに、組んだ十字の❶組みひもを3本あじろ（ひもが3本ずつ表と裏に出るように編む）に組む。ひも端は1.5cmずつずれる。

3

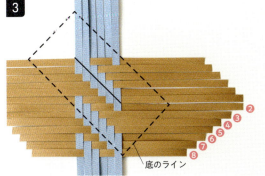

❷～❽組みひも各1本を[2]の下に横に組む。❷は❶の右端に揃えて組み、❸～❽をひも端1.5cmずらしながら組む。底は3本あじろ、側面は2本あじろに組む。

4

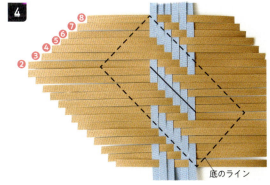

❷～❽組みひも各1本を[3]の上に横に組む。❷は❶の左端に揃えて組み、❸～❽をひも端1.5cmずらしながら組む。底は3本あじろ、側面は2本あじろに組む。

[5]

残りの❷〜❽組みひもを[4]の左右にそれぞれ縦に、写真のように組む。❷は❶に揃え、❸〜❽はひも端を1.5cmずらして組む。一番長い組みひも（❶と❷）の間を結んだ面が底面となる。

側面を組む

[6] 底面のラインに定規を当て、組みひもを立ち上げる。

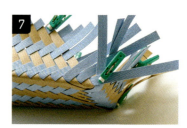

[7] 底の角になるひも（❶❷組みひも）を交差させ、洗濯バサミでとめる。

[8] 側面を斜めに2本あじろで組む。

[9] 1つの角を2本あじろで組んだところ。

[10] 同様に側面をすべて組む。底から9.5cmのところにマスキングテープの上縁がくるように1周貼る。

縁を始末し、持ち手を作る

[11] マスキングテープの上に出た余分のひもをカットする。ひも端をところどころボンドで貼り合わせる。

[12] 持ち手つけ位置（マチ部分、中心から左右3cmの位置で各1.5cm幅）をさらに3mm下げるようにカットする。

[13] ❾縁外ひもを高さ10cmの位置で1周貼る。短かい辺から貼り始め、ひも端は重ねる。

[14] ⓬持ち手ひも2本を[12]でカットした持ち手つけ位置に貼る。

[15] ❿縁始末ひも1本を❾縁外ひもの内側上端に持ち手の位置でカットしながら、1周貼る。さらに❿1本を重ねて、同様に貼る。

[16] ⓫縁内ひもを❾❿のひもの上端に合わせて、内側に1周貼る。持ち手の間から貼り始め、ひも端は重ねる。

Lesson 3
組んで作る

27  あじろのティッシュ BOX
Photo **p.81**　Size **W26.5×H10×D14cm**

材料
あみんぐテープ[10m巻]
　…白木2巻
布（28×12cm）2枚

用具
12ページ参照

テープのカット幅と本数
❶ 組みひも…49.5cm×12本
❷ 組みひも…48cm×4本
❸ 組みひも…45cm×4本
❹ 組みひも…42cm×4本
❺ 組みひも…39cm×4本
❻ 組みひも…36cm×4本
❼ 組みひも…33cm×4本
❽ 組みひも…30cm×4本
❾ 縁外ひも…84cm×1本
❿ 縁始末ひも 2本どり…84cm×2本
⓫ 縁内ひも…82cm×1本
⓬ 持ち手ひも…15cm×4本
※指定以外はすべて12本どり

裁ち図
26 あじろのバスケット(p.99)参照

あじろ組み（十字）

1

あじろのバスケット［1］〜［13］(p.99)を参照し、❶〜❽組みひもでボックスを組み、❾縁外ひもまで貼る。

2

ボックスの口を長方形に整え、型紙をとる。ボックスの口より四辺を5mmずつ小さくなるようにカットし、角は少し丸くする。ふたの型紙にする。

3

型紙をとったら、同様に［14］〜［16］(p.100)を参照し、⓬持ち手ひもで持ち手をつけ、❿縁始末ひも⓫縁内ひもを貼って本体を完成させる。

4
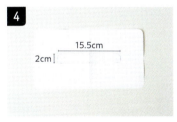
型紙の中心に15.5×2cm程度のティッシュ取り口をあける。

5

型紙をプラスチックボード*に写してカットする。→表板
＊百円ショップなどで売っているハサミでカットできる厚さのもの。厚紙で代用可。

6

布に型紙を写し、四辺にのり代1cmずつとって裁つ。ティッシュ取り口は中央と端に切り込みを入れてのり代を作る。→表板用の布

7
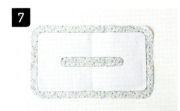
型紙の四辺を1mmずつ小さくする。布に型紙を当て、四辺にのり代1cmずつとって裁つ。→裏板用の布

8

表板用の布に表板を重ね、両面テープを貼り、四辺ののり代を貼る。裏板用の布は型紙を重ね、四辺ののり代をボンドで貼る。角は丸みに合わせて布を寄せ、先端にボンドをつけて余分をカットする。

9
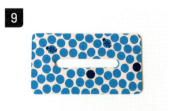
表板と裏板ののり代にボンドをつけ、貼り合わせる。

28 六つ目のバッグ

Photo p.82　Size W18.5×H20×D10cm(持ち手含まず)

材料
あみんぐテープ[10m巻]
　…コーヒー2巻

用具
12ページ参照

テープのカット幅と本数
❶ 組みひも　6本どり…86cm×4本
❷ 組みひも　6本どり…74cm×12本
❸ 組みひも　6本どり…62cm×6本
❹ 縁外ひも　12本どり…64cm×1本
❺ 縁始末ひも　3本どり…61cm×3本
❻ 縁内ひも　12本どり…60cm×1本
❼ 持ち手内ひも　6本どり…54cm×2本
❽ 持ち手外ひも　6本どり…55cm×2本
❾ 持ち手巻きひも　2本どり…240cm×2本

裁ち図

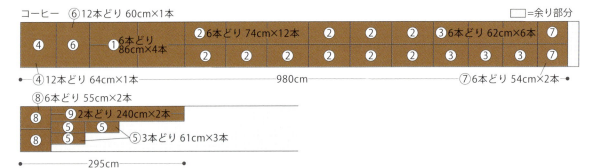

底面を組んだところ（❶拡大）

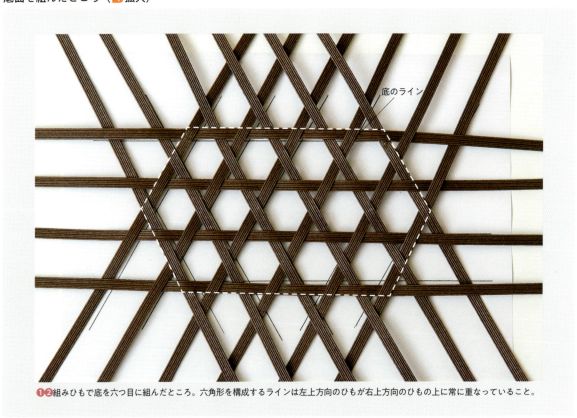

❶❷組みひもで底を六つ目に組んだところ。六角形を構成するラインは左上方向のひもが右上方向のひもの上に常に重なっていること。

Lesson 3 組んで作る

底面を組む 六つ目組み

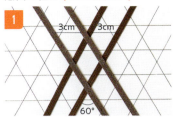

1 ❷組みひも2本ずつを3cmあけて並べ、中心を60度に合わせる。左上方向のひもを上に重ねる。

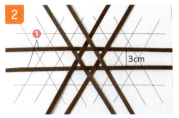

2 ❶組みひも2本を横に3cmあけて組む。交差する3本のひもが同じ方向で押さえ込むように組む。＝六つ目組み

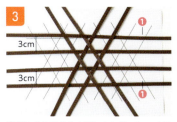

3 ❶組みひも2本を上下に1本ずつ3cmあけて組む。

4 ❷組みひも2本ずつを[3]の両側に六つ目に組む。六角形の形を整え、角を6カ所ボンドでとめる。この6カ所をつなぐラインが底面になる。左ページの拡大写真参照。

5 底のラインから縦ひもを立ち上げる。

側面を組む

6 ❸組みひも1本を立ち上げたひもに洗濯バサミでとめ、六つ目が正六角形になるように1段通す。

7 3本のひもで互いに押さえ合うように通しているところ。1段めの角は穴が五角形になる（2段め以降は六角形）。

8 通し終わりは、ひも端に重ねてボンドで貼り合わせる。このとき立ち上げたひもに合わせて斜めにカットする。

9 ❸組みひも1本で2段めを通す。通し始めは1段めと対角線上の位置にする。

10 ❸組みひもで計6段、六つ目になるように組む。

縁を始末し、持ち手を作る

11 ❶❷組みひもを始末する。❸組みひもの6段めに合わせてカットし、ボンドで貼る。

12 ❹縁外ひもを縁から3本どり分出る位置で1周貼る。マチの中央から貼り始め、貼り終わりは重ねる。

13 ❺縁始末ひも1本を❹縁外ひもの内側上端に1周貼る。❹の端と突き合わせになるように貼り始め、ひも端は重ねず、余分をカットする。残りの❺2本も同様に重ねて貼り合わせる。

14 ❻縁内ひもを❹❺のひもの上端に合わせて、内側に1周貼る。❺の端と突き合わせになるように貼り、貼り終わりは重ねる。

15 四重持ち手（p.30）を参照し、❼持ち手内ひも1本と❽持ち手外ひも1本で持ち手を作る。中央の六つ目2つを挟んだ位置に通す。❾持ち手巻きひもで持ち手を巻く。反対側も❼❽❾各1本で同様につける。

103

29 六つ目華編みのバッグ

Photo p.83　Size W18.5×H20×D10cm(持ち手含まず)

材料

● チョコベース
あみんぐテープ[10m巻]
…チョコ2巻、白1巻、柿渋1巻

● ワインベース
あみんぐテープ[10m巻]
…ワイン2巻、白木1巻、ピンク1巻

用具

12ページ参照

テープのカット幅と本数〈チョコ〉

① 組みひも　チョコ／6本どり…86cm×4本
② 組みひも　チョコ／6本どり…74cm×12本
③ 組みひも　チョコ／6本どり…62cm×6本
④ 差しひも　柿渋／3本どり…100cm×8本
⑤ 差しひも　柿渋／3本どり…65cm×3本
⑥ 差しひも　柿渋／3本どり…100cm×2本
⑦ 差しひも　白／3本どり…80cm×10本
⑧ 差しひも　白／3本どり…80cm×3本
⑨ 差しひも　柿渋／3本どり…30cm×6本
⑩ 差しひも　白／3本どり…30cm×6本
⑪ 横ひも　白／3本どり…65cm×6本
⑫ 縁外ひも　チョコ／12本どり…64cm×1本
⑬ 縁始末ひも　チョコ／3本どり…61cm×3本
⑭ 縁内ひも　チョコ／12本どり…60cm×1本
⑮ 持ち手内ひも　チョコ／6本どり…54cm×2本
⑯ 持ち手外ひも　チョコ／6本どり…55cm×2本
⑰ 持ち手巻きひも　チョコ／2本どり…240cm×2本

※ワインベースのバッグは、チョコをワインに、白を白木、柿渋をピンクにして用意する。

裁ち図

ベースのかごを作る

1　六つ目のバッグ(p.102)[1]～[11]を参照し、①～③のひもで6段めまで組む。ここでは①～③をベースひもと呼ぶ。

底に華編みを入れる

2　④差しひも4本を底に右上方向(以下、b方向)に通す。中央の六つ目の両サイドの目(以下、華編みの目)の上をひもが渡るように通す。

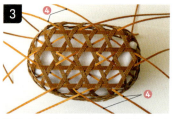

3　④差しひも4本を底に左上方向(以下、a方向)に通す。華編みの目の上をひもが渡るように通す。

Lesson 3
組んで作る

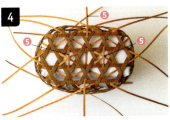

❺差しひも3本を底に縦方向に通す。華編みの目の上をひもが渡るように通す。

❻差しひも2本を底の両脇に縦方向に通す。

❼差しひもの2本をb方向に通す。華編みの目の❹❺の上に渡し、その他は全部下に通す。

❼差しひもの2本をa方向に通す。華編みの目の[6]の上に渡し、その他は全部下に通す。

❽差しひもの1本を横方向に華編みの目の[7]の上に渡し、その他は全部下に通す。

❼差しひも3本をb方向に通す。ベースひもの上、差しひもの下に通す。

❼差しひもの3本をa方向に通す。ベースひもの上、差しひもの下に通す。

側面に華編みを入れる

❹b方向4本❹a方向2本❻2本を、側面にb方向に通す。

❽差しひも2本を横方向に、ベースの上、差しひもの下に入れる。華編みの目の完成。

Point!

[12]で通す8本。底に通した際に外側に出ているひもでb方向に流れているもの。

❹a方向4本❹b方向2本❻2本をa方向に通す。先ほど入れたb方向の上に通す。

❾差しひも6本（写真ではターコイズ）を追加する。ベースの底の角に3本ずつ貼る。

六つ目組み　華編み　四重持ち手

105

貼った❾差しひも6本を縦に通す。

さらに中心の❺差しひも2本を正面と後ろにそれぞれ縦に入れる。

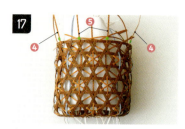

内側にあったひも、❺差しひも4本（正面と後ろ2本ずつ）、❹差しひも4本（マチ2本ずつ）を縦に入れる。

❼差しひも8本をb方向に華編みの目に通す。差しひもの上、その他は全部下に通す。

Point!
❾を貼った華編みの目に❼を通すとき、隙間が狭いので注意する。

❿差しひも6本（写真ではターコイズ）を追加する。ベースの底の角に3本ずつ貼り、a方向に通す。

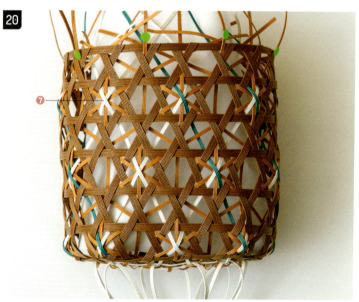

❼差しひも2本と❿差しひも6本をa方向に通したところ。華編みの目の差しひもの上、その他は全部下に通す。

❿差しひも6本（写真ではターコイズ）を追加する。ベースの底の角に3本ずつ貼り、a方向に通す。

Point!
華編みの目はひもが緩みやすいので、上から押さえてひもを伸ばしながら通すとよい。

⓫横ひも3本を華編みの目のある段に1周ずつ通し、貼り合わせる。華編みの目の差しひもの上、その他は全部下に通す。

Point!
ひも端がベースひもの裏で隠れるように余分をカットし、貼り合わせる。

❼差しひも6本（正面と後ろ3本ずつ）❽差しひも2本（正面と後ろ1本ずつ）をb方向に通す。ベースひもの上、差しひもの下に通す。

❼差しひも6本（正面と後ろ3本ずつ）❽差しひも2本（正面と後ろ1本ずつ）をa方向に通す。ベースひもの上、差しひもの下に通す。

Lesson 3
組んで作る

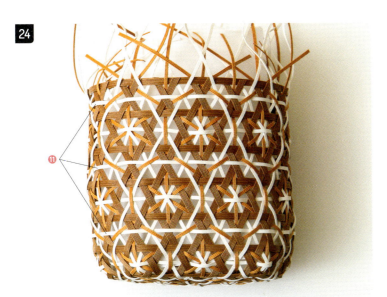

縁を始末し、持ち手を作る

⓫横ひも3本を花編みの目がない段に1周ずつ通し、貼り合わせる。ベースひもの上、差しひもの下に通す。

ひもの始末をする。ベースひもの8段めに合わせて❶〜❿のひも端をカットし、ボンドで貼る。

3本どり分

⓬縁外ひもを縁から3本どり分出る位置で1周貼る。マチの中央から貼り始め、貼り終わりは重ねる。

⓭縁始末ひも1本を⓬縁外ひもの内側上端に1周貼る。⓬の端と突き合わせになるように貼り始め、ひも端は重ねず、余分をカットする。残りの⓭2本も同様に重ねて貼り合わせる。

⓮縁内ひもを⓬⓭のひもの上端に合わせて、内側に1周貼る。⓭の端と突き合わせになるように貼り、貼り終わりは重ねる。

四重持ち手（p.30）を参照し、⓯持ち手内ひも1本と⓰持ち手外ひも1本で持ち手を作る。中央の六つ目2つを挟んだ位置に通す。⓱持ち手巻きひもで持ち手を巻く。反対側も⓯⓰⓱各1本で同様につける。

六つ目組み

華編み

コサージュの作り方

用意するテープ
A色（つゆ草、えんじ）51cm、
B色（白、グレー）13cm

❶花びら　A色／4本どり…50cm×1本
❷花芯　B色／2本どり…13cm×1本
❸花芯裏　A色／10本どり…1cm×1本
❹モチーフ円ひも　A色／4本どり…32cm×1本
❺モチーフつけひも　A色／1本どり…30cm×1本

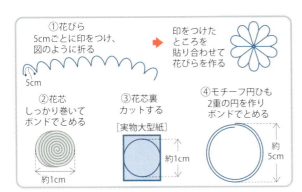

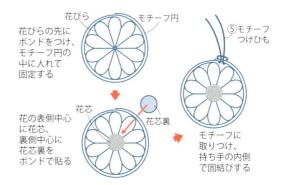

四重持ち手

30 鉄線組みのかご

Photo p.84　Size W20〜24×H7cm

材料

●サクラの鉄線
あみんぐテープ[10m巻]
　…サクラ2巻、白木1巻

●白木の鉄線
あみんぐテープ[10m巻]
　…白木2巻、サクラ1巻

用具
12ページ参照

テープのカット幅と本数〈サクラの鉄線〉

① 縦ひも　サクラ…48cm×6本
② 縦ひも　白木…46cm×6本
③ 縦ひも　サクラ…44cm×6本
④ 縦ひも　サクラ…42cm×6本
⑤ 縦ひも　白木…40cm×6本
⑥ 縦ひも　サクラ…38cm×6本
⑦ 組みひも　サクラ…75cm×3本
　　　　　　白木…75cm×1本
⑧ 縁外ひも　白木…75cm×1本
⑨ 縁内ひも　白木…72cm×1本
⑩ ステッチひも　サクラ／1本どり…160cm×3本

※指定以外はすべて12本どり
※白木の鉄線のテープはサクラを白木に、白木をサクラにして用意する。

●サクラの鉄線で作り方を紹介します。

底面を組む

1

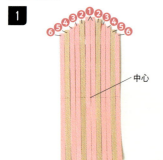

①〜⑥縦ひも各2本の中心に印をつける。①2本を縦に並べ、その左右に②〜⑥を1本ずつ中心を揃えて並べる。

2

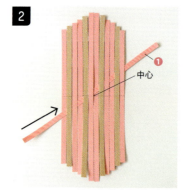

①縦ひも1本を斜め60度に右上方向（以下、b方向）に組む。表1目、裏2目になるようにする。

3

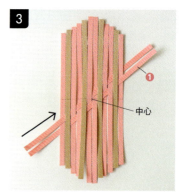

①縦ひも1本を[2]の下に組む。[2]の中心の目と1本ずらし、裏2目、表1目になるようにする。

4

②縦ひも2本を[3]の左右に①の両端から1cmずつ控えて組む。

5

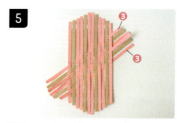

③縦ひも2本を[4]の左右に②の両端から1cmずつ控えて組む。

6

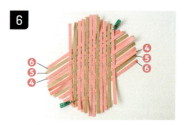

同様に④〜⑥の縦ひも各2本を1cmずつ控えて組む。

7

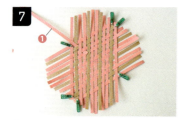

①縦ひも1本を斜め60度に左上方向（以下、a方向）に組む。このとき、b方向2本に対し縦ひも1本が上にある箇所（以下、N字の目）の下を通す。

Point!

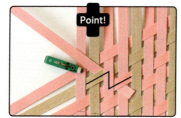

N字の目

8

①縦ひも1本を[7]の下に組む。このときもN字の目の下を通す。サクラの鉄線模様がa方向に3つできたところ。

Lesson **3**
組んで作る

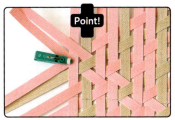

6本のひもが時計回りに押さえ合う。

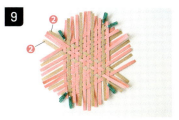

❷縦ひも2本を[8]の左右に❶の両端から1cmずつ控えて組む。

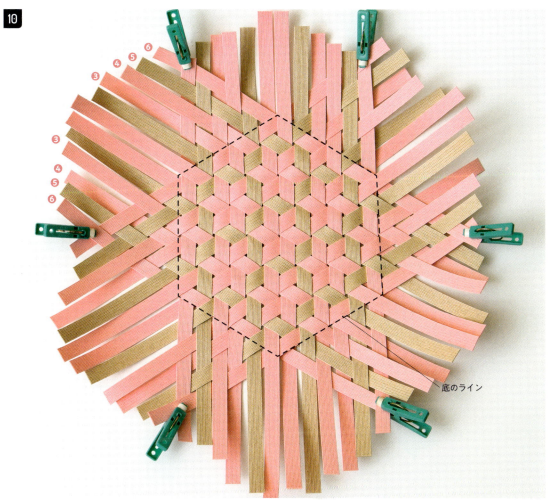

底のライン

同様に❸〜❻の縦ひも各2本を1cmずつ控えく組む。❶のひもの中心を結んだ六角形が底面になる。霧吹きで軽く水をかけ、ひもを詰める。※水をかけると色落ちする場合があるので、余りひもで試してから行う。

側面を組む

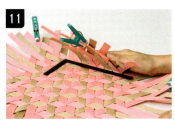

組んだ目が外れないように洗濯バサミで❻のひもをとめる。底のラインに沿って、❶〜❻の縦ひもを立ち上げる。

立ち上げたところ。

❼組みひも（サクラ）1本を縦ひもの裏に洗濯バサミでとめ（角は避ける）、底と模様がつながるように1周通す。

鉄線組み

109

底から側面にかけての模様は、辺の中央は6枚の花びら、角は5枚の花びらになる。

1段めを通したところ。組み終わりはひも端が隠れる位置で斜めにカットし、貼り合わせる。

❼組みひも（白木）1本で2段めを組む。N字の目の下を通して1周し、貼り合わせる。

2段めの❼を底辺とした三角のひもが押さえ合うように整える。

残りの❼組みひも（サクラ）で同様にN字の目の下を通して3、4段めを組む。

縁を始末する

縁の始末をする。最終段の組みひもに対して包む縦ひもが2枚重なっている場合は、2枚のうち内側のひも（内・外側にある場合はどちらか）を縁に合わせてカットする。

縦ひもを1.5cm残してカットし、最終段の組みひもを包む方向に折り、ボンドで貼る。

縦ひもの始末をしたところ。

❽縁外ひも❾縁内ひもをそれぞれ縁に合わせて1周貼る。貼り終わりは重ねる。

ブランケットステッチ（p.31）を参照し、❿ステッチひも1本でブランケットステッチをする。❿のひも端を5cm出しておく。

1目に2回通し、縦ひも1本幅ごとにV字状にブランケットステッチをしながら、縁をかがる。

1周かがったところ。

かがり始めと模様がつながるように5cmのひも端を通し、内側で重ねて貼り合わせる。

31 ワンハンドルの鉄線かご

Photo p.85　Size W20〜24×H7cm（持ち手含まず）

材料
あみんぐテープ[10m巻]
　…松葉3巻

用具
12ページ参照

テープのカット幅と本数
- ❶ 縦ひも…48cm×6本
- ❷ 縦ひも…46cm×6本
- ❸ 縦ひも…44cm×6本
- ❹ 縦ひも…42cm×6本
- ❺ 縦ひも…40cm×6本
- ❻ 縦ひも…38cm×6本
- ❼ 組みひも…75cm×4本
- ❽ 縁外ひも…75cm×1本
- ❾ 縁内ひも…72cm×1本
- ❿ 持ち手ひも…83cm×1本
- ⓫ 持ち手芯ひも…38cm×1本

※すべて12本どり

1　鉄線組みのかご（p.108）［1］〜［20］を参照し、❶〜❼のひもで同様に鉄線を組み、縦ひもを始末する。

2　❽縁外ひもを縁に合わせて外側に1周貼る。貼り終わりのひも端は重ねる。

3　六角形の対角線上の角2カ所を持ち手つけ位置に決める。その箇所は2cm分ボンドをつけず、❾縁内ひもを内側に1周貼る。貼り終わりのひも端は重ねる。余りひもを差しておくとよい。

4　❿持ち手ひもの端を1cm折り、持ち手つけ位置の隙間に通す。もう一方の❿の端は、反対側の持ち手つけ位置の隙間に上から通す。

5　⓫持ち手芯ひもを縁と突き合わせになるように❿持ち手ひもの裏に貼る。

6　[4]で折った1cmを折り返し、縁に貼る。

7　もう一方の持ち手つけ位置に通していた❿持ち手ひもを貼り合わせる。三重の持ち手になる。

8　持ち手と縁の隙間にボンドをつける。

著 者

古木明美
Furuki Akemi

ぷるる工房主宰。神奈川県在住。2001年より紙バンドクラフト講師、作家活動を始める。本や雑誌、テレビ等で広く活動し、海外でのワークショップも行う。著書多数。近著に『PPバンドで作るかわいいプラかごとバッグ』『エコクラフトのおしゃれ編み地のかごとバッグ』(ともに小社)などがある。
ぷるる工房H.P.　http://park14.wakwak.com/~p-k/
ブログ　https://ameblo.jp/pururu-koubou/

作り方指導

佐藤千夏
Sato Chika

福島県在住。2002年より紙バンドの講師活動を始める。2003年より同好会を立ち上げ、月1回の講習会と年2回のハンドメイドイベントを主催し、カルチャー教室などでの講師をはじめ、デイケアから海外でのワークショップ講師も務める。「古木明美流やさしいかご編みレッスン」講師。
ブログ　http://blog.livedoor.jp/genkichika/

中本雅子
Nakamoto Masako

大阪府在住。2001年より作品作りを始め、2003年より自宅やカルチャーセンター等で講師活動を始め、海外でのワークショップ講師も務める。「古木明美流やさしいかご編みレッスン」講師。紙バンドの展示会「なないろnaクラフト」代表。古木明美さんとの共著に『エコクラフトの素敵なバッグとかご、プチ雑貨』(小社)がある。
ブログ　https://ameblo.jp/withlovesuke

【材料協力】
あみんぐテープ
藤久株式会社
　クラフトタウン　　　　https://www.crafttown.jp
　オンラインショップ　　https://ec.crafttown.jp/
全国クラフトグループ26店舗では
「古木明美流やさしいかご編みレッスン」が受講できる。

※本書に掲載の商品や講座情報は2019年3月現在のものです。

【小物協力】
AWABEES
UTUWA

STAFF

デザイン　　原てるみ(mill)
写　真　　　三好宣弘(RELATION)
スタイリング　大島有華
図　版　　　川島豊美(Kawashima Design Office)
D T P　　　岩井康子(アーティザンカンパニー株式会社)
編　集　　　村松千絵(Cre-Sea)

本書に掲載されている作品及びそのデザインの無断利用は、個人的に楽しむ場合を除き、禁じられています。
本書の全部または一部(掲載作品の画像やその作り方図等)をホームページやSNSに掲載したり、店頭、ネットショップ等で配布、販売したりすること、また無断で講習に使用されることはご遠慮ください。

本書の内容に関するお問い合わせは、お手紙かメール(jitsuyou@kawade.co.jp)にて承ります。恐縮ですが、お電話でのお問い合わせはご遠慮くださいますようお願いいたします。

いちばんわかりやすい
紙バンドで作る
かご編みの教科書

2019年3月30日　初版発行
2021年6月30日　4刷発行

著　者　　古木明美
発行者　　小野寺優
発行所　　株式会社河出書房新社
　　　　　〒151-0051
　　　　　東京都渋谷区千駄ヶ谷2-32-2
　　　　　電話　03-3404-1201(営業)
　　　　　　　　03-3404-8611(編集)
　　　　　https://www.kawade.co.jp/
印刷・製本　凸版印刷株式会社

Printed in Japan
ISBN978-4-309-28726-3

落丁本・乱丁本はお取り替えいたします。
本書のコピー、スキャン、デジタル化等の無断複製は著作権法上での例外を除き禁じられています。本書を代行業者等の第三者に依頼してスキャンやデジタル化することは、いかなる場合も著作権法違反となります。